字里行间

李怀宇

The Gap Between People And History

著

东方出版中心有限公司

序
Foreword

在青春岁月里，我读过许多文学作品，做过天真的文学梦。涉世渐深，经历春风夏日秋雨冬霜，感受悲欢离合阴晴圆缺，渐悟人生是读不完的巨著。念天地之悠悠，心灵的密码尽在字里行间。

疫情之后，居家的时间越来越多，我得闲重读当年喜欢的书，似有新悟。在人生的旅程中，免不了寂寞，避不开风波，测不准变幻。世间没有恒常不变之事，当今未了的疫情何尝不是千年未有之变局？文学虽为无用之用，却可以治疗心灵的伤痛，拓宽蜗居的境界。

在我的访问生涯中，见过幻象，听过流言，沐浴风和雨，面对权与利。人间万象与书里乾坤互证，别有一番滋味。当我明白纸上得来终觉浅，已然告别了四处奔波寻师访友的时代。有时我会想，如果当年读多一点书或者遇多一些事，也许我提出的问题会更有深度，观察的视野会更为广阔。因此，重校这本书，我仿佛在重温访问时代的困惑，探求世界的新奇，叩问人心的冷热。这本书是我的文学访问记，也是我的青春心灵史。

文学是人学。中国新文学的传统，可视为"人的文学"：关心百姓的疾苦，捕捉人间的冲突，探窥人心的奥秘，字里行间深含人道主义。在我的访问里，人道主义始终是核心精神。人和人相遇，常讲因缘。我格外珍视人和人交往过程中的人情味。当我访问了这么多人以后，才渐渐懂得知人论世何其难。有时候一席谈后就品评人，是完全靠不住的。人心如此复杂，即便深交，所见未必客观，所评也难公正。对人的品评很主观，你喜欢的人，别人不一定喜欢；你讨厌的人，也可能正是别人欣赏的人。在见识种种人事后，我想起胡适先生所写的条幅："做学问要在不疑处有疑，待人要在有疑处不疑。"现实世界的真相，往往需要旁证和辨别，读书阅世要有怀疑的态度。在文学的世界里，悲悯、同情、宽容，常常是理解人的关键。

中国向来文史哲不分家。司马迁的《史记》为史家之绝唱，无韵之离骚，既是史学经典，也是文学名著。太史公运用了想象力来重构历史，通过生花妙笔让兴亡遗事复活，历史上的重要人物好像重现在我们的眼前。古人的喜、怒、哀、乐，以至虚荣、妒忌、轻薄、负心等心理状态，今人好像能直接感受得到。史学家的想象和小说家的想象是极其相似的，不同的是史学家的想象要在一定的时空之内，并且必须受到证据的限制。而小说家的想象即使天马行空，也是世间万象的折射。英雄、才子、美人、小人跃然纸上，江湖侠客、世俗侦探、奇妙历险、科学幻想层出不穷。历史与现实、虚构与实证，假作真时真亦假，文学不仅开阔了读者的视野，更创造了一个个梦幻的世界。在精神之旅中，也许我们还会思考哲学的问题，天与人、诗与真、善与恶，人生取经路上不但经历八十一难，更产生了千万个为什么。

世道如此坎坷，人海如此苍茫，古今之变与天人之际无法尽付文字。中国文字的奥妙，我曾千百次努力地学习、尝试、理解、感悟，多年苦练的心得，细看不过是一点皮毛。陈之藩先生在变幻时代不甘心地提起笔："我们当然对不起锦绣的万里河山，也对不起祖宗的千年魂魄；但我总觉得更对不起的是经千锤，历百炼，有金石声的中国文字。"字里行间描绘的万千世界，力透纸背的往往是悲天悯人的境界。

如今全球同此疫情，你我皆历无奈之苦。读书随处净土，闭户即是深山。二三素心人，不来常思君，即使一时无法饮茶畅叙，而凭几卷书，读纸上风云，偶有共鸣，会心一笑，便可得宇宙人生大自在。字里行间的妙趣，在风雨中更能体会一二。但愿苦口良药能除病毒，醒世良言能解心结，度一切苦厄。

李怀宇序于悠然居

2022 年 7 月 24 日

目录

contents

金庸

办报是拼命,写小说是玩玩

香港明河社的门口挂着金庸先生手书的对联:"飞雪连天射白鹿,笑书神侠倚碧鸳。"金庸先生的办公室是一个宽敞的书房,落地窗外,维利多亚港的无敌海景尽收眼底。访谈的休息时段,我忍不住随处看看书架上的藏书,其中一面书架是各种版本的金庸作品集,除了华文世界的繁简体版外,还有多种译文版本。

金庸先生乡音未改,闲谈中多次提起家乡:"海宁地方小,大家都是亲戚,我叫徐志摩、蒋复璁作表哥。陈从周是我的亲戚,我比他高一辈,他叫徐志摩作表叔。王国维的弟弟王哲安先生做过我的老师。蒋百里的女儿蒋英是钱学森的太太,也是我的表姐,当年我到杭州听她唱歌。"2008 年,浙江大学请金庸任人文学院名誉院长,海宁则办了一个金庸书院。第二次访谈时,金庸先生随手从衣袋中取出一张浙江同乡会成立的邀请函让我看。现在常常一起吃饭的朋友是有同乡之缘的老友，至于美食家蔡澜推荐的东西，他没有兴趣。

我提起围棋，金庸先生谈兴甚浓。"围棋有五得：得好友，得人和，得教训，得心悟，得天寿"之说，他颇为欣赏。"以前我兴趣最好的时候，请陈祖德、罗建文两位先生到家里来住。"而他与余先生的交往，多与围棋有关："余先生喜欢下围棋，他的棋艺比我好一点。他太太自称为'围棋寡妇'，余先生老是下棋，没有时间陪她。"金庸先生笑眯眯地说："余先生的岳父陈雪屏围棋下得很好，好像你要娶我女儿，先下一盘棋看看。"我听了这种"小说家言"，不禁笑道："我听余先生讲，他和余太太陈淑平谈恋爱的时候，还不认识陈雪屏先生，是等到1971年结婚七年了才正式见到陈雪屏先生。"事后，我专门为此事问过余先生，余先生听了哈哈大笑。

金庸先生提起老朋友黄永玉、黄苗子、郁风的旧事，感慨郁风过世了。对书画，他时有出人意表的品评，偶尔在家也提笔挥毫，又提起启功先生："启功来香港见我，我写几个字请启功先生教教我，他唯一教的就是：'你绝不可以临碑帖。你的字有自己的风格，一学碑帖，自己的风格完全没有了。不学碑，不学帖，你的字将来有希望。'我说：'启功先生，你这句话是鼓励我。'他说：'不是鼓励，你的字是有自己的风格。任何碑帖不可碰。'我说：'我碑帖没有学，但书法极糟。'"

金庸先生好奇心极重，不时主动问起我访问过的学者近况。余先生、金耀基的师承与学生的趣事，金庸先生听得兴味盎然。我提起余先生的学生陆扬和金庸先生的老师麦大维（David McMullen）相熟，两人见面时曾细说金庸在剑桥大学研究唐史之事。又提起余先生现在在戒烟，金庸先生说："抽烟抽惯的人，要戒很难。邓小平当年接见我，也谈到这个问题：'我年纪大了，人家劝我戒烟，我不能戒，戒了反而身体不好。'"

和金庸先生畅谈两个下午，我恍觉曾经听说的"金庸口才不好"不过是一种误会，原来只要是他感兴趣的话题，讲起来也像武侠小说一样引人入胜。我们的话题焦点始终并非武侠人物，而是学界中人，南下香港的钱穆、唐君毅、牟宗三、徐复观，远渡重洋的杨联陞、陈世骧、夏济安、夏志清，一一道来，如同江湖一样好玩。

李怀宇：我特别感兴趣你在剑桥大学读书读得怎么样了？

金庸：剑桥大学先给了我一个荣誉博士，剑桥的荣誉博士很难的，排名在一般教授、院士之上，所以我再申请念博士，他们说："不用念了，你这个荣誉博士已经比他们都高了。"我说："我的目的不是求学位，是来跟这些教授请教一下，念书。"后来校长就同意了。在剑桥念博士有一个条件，就是博士论文一定要有创见，如果是人家写过的文章，就不要写了。那么，教授委员会有二十几个教授，他们要我提准备写什么东西。

　　我首先提到一个匈奴问题，因为中国学者认为，在汉朝时，卫青、霍去病跟匈奴一打仗，匈奴打不过，就撤退到西方去。西方人就不同意这种讲法，认为匈奴是在东亚、西亚、中亚自己发展出来的一个民族，所以跟中国讲法不同。我准备用中国的史料写关于匈奴的研究，有一位教授在这方面可以说是专家了，他用匈牙利文讲了一些话。我说："我不懂匈牙利文，对不起，你讲的意见我不懂。"他说："这个意见已经翻译成法文、英文了，如果你去匈牙利，我可以推荐你，你可以念三年匈牙利文再来研究这个问题。"我说："我年纪也大了，再去念匈牙利文恐怕不行了。"他说："你最好另外写一个问题。"

　　我就想写一篇关于大理的论文，因为我到云南去，大理送了我一个荣誉市民称号，还送了我一块地："如果你喜欢在这里住，我们欢迎。"我说："我有一些研究大理的资料，也去过几次，我写历史上大理国成立的经过是怎么样的。"大理是很好的，西方也不大了解。不过，有一个教授就讲了许多古怪的话，我也不懂。他说："这是藏文，本来南诏立国是靠吐蕃的力量来扶植的，后来唐朝的势力扩张过去，才归附唐朝，大理跟吐蕃的关系是很深的。"我说："我也不懂藏文。"他也觉得写大理不大容易。

　　那么，我就考虑到中国考古学家从西安发掘出来的东西。以前说唐朝玄武门之变，兵是从东宫从北向南走，再打皇宫。我说这条路线不通的，为什么要这样大兜圈子呢？直接过去就可以。所以，我心想唐朝写历史的人，是在李世民控制之下的，他吩咐这样写就这样写了。我研究发现是皇太子和哥哥过来,李世民在这里埋伏,从半路杀出来,把他们打死了。历史上这条路线根本就是假的,因为李世民作为弟弟杀掉哥哥不大光彩。教授说:"有没有证据?"我说:"证据就是发掘出来,东宫在这儿,皇宫在这儿,过去就方便了,这样大兜圈子说不通的。"我认为唐朝的历史学家全部受皇帝指挥,完全是皇帝叫你怎么写就怎么写。

我说唐朝的历史也有很多值得怀疑的地方。剑桥大学的教授就说:"那你写这个问题好了,其中怀疑的地方必须要有历史根据。"我说:"中国历史上忠直的历史学家很多,但是假的历史也是很多的。"所以我认为玄武门之变的那一段历史中有些是假的,那些教授就一致同意:"这个问题蛮好的,而且在外国人中没有人提过,你把这个问题写出来。"我的硕士论文就以玄武门之变为主要的内容:《初唐皇位继承制度》(*The imperial succession in early Tang China*)。得了很高的分数。

李怀宇:现在你的博士论文准备写什么?

金庸:我的博士论文就是写安禄山造反,唐玄宗派了他的儿子荣王去抵抗,后来这个荣王死掉了,历史上也没有讲为什么会死掉了,他手下的两个大将也被皇帝杀掉了,我说这中间一定大有问题,是太子派人把弟弟害死了,把两个大将杀掉了。我找了很多证据,证明这个事件是历史上造假,其实是太子在发动政变,把弟弟杀掉了,而且他掌握军队,连父亲也不敢动他。

我的导师也同意。我就认为,从唐太宗开始,到宋元明清,都是哪个人兵权在手，就是哪个人做皇帝。我要在这上面发挥。我的导师就说："你这个意见蛮好的，可以写，尽量找点历史根据。"写论文，一定要有历史根据的，完全没有根据，自己想出来是不行的。我说："好吧，我会找根据。"我的基本论点是中国古代的皇位继承从来不讲传统或宪法，宪法是讲皇帝的皇位应该传给嫡长子的，实际上是哪个有兵权，哪个会打仗，就传给哪个。中国古代的封建王朝不讲宪法，讲兵权，外国也讲兵权，但是外国做得表面上漂亮一点。

李怀宇：那你的博士论文规定什么时候要交？

金庸：博士论文本来规定要到剑桥去念的，一方面是我年纪大了，另外一方面我已经得到荣誉文学博士，地位比校长还要高。教授委员会决定我可以不在剑桥做研究，要研究中国历史，在香港也可以，在北京也可以，在西安也可以。我的指导老师麦大维年纪大了，已经退休了，他要等我两年，两年之内把博士论文写好。他常常到香港来的，他以前在香港住过，他的大女儿喜欢中国，所以在云南大学念中文。

李怀宇：你原来在剑桥大学读硕士时住了多久？

金庸：我在剑桥大学真正读书的时间差不多两年。在剑桥大学，本来我骑单车就很快过去，我太太说："年纪大了骑单车很危险，汽车也不大守规矩。"所以要我坐的士去上课。坐的士就很贵，差不多一百块钱港币一次，也是她陪我去的。后来，我去一次，我的老师也会骑单车到我家里来教一次。

李怀宇：你可能是剑桥大学历史上最老的学生吧？

金庸：是啊。剑桥大学校长到这儿来筹款，说："现在你是剑桥大学年纪最大的学生，我们最喜欢。"

李怀宇：大家都觉得很奇怪，你过了八十岁，还到剑桥大学去读书？

金庸：因为剑桥大学有学问的人多，教授虽然只研究一个学问，但是一门功课很复杂的问题他都了解。

李怀宇：可是你在世界上很多大学都拿了荣誉博士学位和教授称号，还是那么感兴趣到大学读书？

金庸：我到剑桥，目的不是拿学位。我喜欢跟有学问的教授讨论问题，有一个问题就是，以前历史学家认为投向清朝的那些有学问的人是汉奸，现在我们的观念跟以前不同了，不大分汉人、满人，大家互相团结、互相帮助。我到北大演讲也主要讲这个问题。好像大家都是兄弟民族，我们汉人办得不好，你满人管管中国也不差的。

李怀宇：《书剑恩仇录》的民族观念就比较浓一点，到了《鹿鼎记》已经没有太强的民族观念了。

金庸：进步了。我到了《天龙八部》时已经很反对这种民族观念了。

李怀宇：我听说你的小说封笔之后，有人问你有什么感兴趣的事，你说想写一本中国通史，现在还有这个兴趣吗？

金庸：我研究历史越多，越觉得困难了，历史的观点也不同了。我将来还是想写中国通史的，但是我觉得越来越难了。当时年纪轻，还不知道这样难，觉得照以前钱穆或者范文澜的中国通史改一下就可以了。现在我觉得他们很多都写错了，其实中国通史不应该照朝代来写，应从最早的旧石器时代、新石器时代一路发展下来，你到西安看看，到杭州看看，哪一代的文化，不应该照朝代来写，而应该照文化来写。中国通史是很复杂的。

李怀宇：现在主要看什么书？

金庸：都是跟论文有关的。

李怀宇：其实你的一些历史观点已经表达在小说里了。

金庸：像明代最后，李自成的手下到了北京城以后就奸淫掳掠，有些朋友就不赞成我这样写，他们认为李自成很好的。上海华东师范大学有一位老师，又专门把李自成放纵部下在北京做很多坏事的资料给我，我把这些资料都写到里面。

李怀宇：你是不是对明代历史读得比较深？

金庸：明代历史比较懂，明代、清代跟现代比较近一点。

李怀宇：有人考据说，《笑傲江湖》就是发生在明代的。

金庸：唉，有人认为《笑傲江湖》就是明代的故事。

李怀宇：你的小说没有写过唐代，但是论文现在写到唐代了。

金庸：我觉得唐代历史比较难写一点，因为唐朝离开我们太远了。我的《射雕英雄传》最早写到宋朝，宋朝还可以，唐朝的人坐在地下，喝的酒、茶跟现在不一样，宋朝已经跟现在不大同了。唐朝在中国历史上是辉煌的，但是唐朝的生活习惯我不大了解，所以我不写,因为写武侠小说要写到一个人的生活习惯。

李怀宇:余先生现在看唐代相关的书,看看唐代的诗人和禅宗,这是两种精神界的领袖,由此来研究唐代的历史,这种方法在《朱熹的历史世界》中已经用过了,就是通过朱熹这个人的研究来打通宋代政治与思想之间的不少隔阂。

金庸:这样子可能比较真实一点。

李怀宇:我听说你对《资治通鉴》读得非常熟。

金庸:因为那时候《资治通鉴》比较好看、容易看,我小时候在家里没有事,看《资治通鉴》像看故事一样,我觉得文笔好。

李怀宇:你做新闻的信条是什么?

金庸:英国报人史各特(C. P. Scott)讲"事实不可歪曲,评论大可自由"(Comment is free, but the facts are sacred),事实很重要,不能够歪曲,港督讲过什么话,做过什么事情,这个事实不能歪曲,但是评论可以自由。我们的意见可以不同,但是根据的同样一个事实是不能歪曲的。这一点是我们办《明报》必要的信条。

李怀宇:1966年创办《明报月刊》时,中国正是"文化大革命"的时候。

金庸:《明报月刊》的态度还比较温和一点,有些内地的学者或研究机构还可以订。《明报》就是跟"文化大革命"对着干。我说过办《明报》是拼了性命做事。幸亏最后没有死,那是运气好。

李怀宇:当时你和朋友姜敬宽通信时,就认为《明报月刊》的风格想办成"五四时代的北京大学式"。

金庸：对，那是很公正，凭良心讲话。到《明报月刊》四十年时，我还是讲：我当时是拼着性命来办的，准备给打死的，结果没有打死，还好。他们觉得我很勇敢，我说在香港做事情，勇敢一点也不奇怪。

李怀宇： 你投入到办报中的精力比写小说的精力更多？

金庸：办报是真正拼了性命来办的，写小说是玩玩。

李怀宇： 你怎么不把自己在《明报》的社评集成集子？

金庸：我出了一本《金庸散文集》……

李怀宇： 当年《明报》凝聚了香港很多重要的报人。

金庸：董桥现在没有联系了。胡菊人在温哥华，也没有联系了，最近《明报月刊》四十周年，请他回来了，他身体不太好。

李怀宇： 胡菊人主编《明报月刊》的时间最长。

金庸：后来因为台湾有一个报纸叫《中报》，到香港来办《中报》，请他去做总编辑，他就过去了。

李怀宇： 你跟同辈的罗孚先生、梁羽生先生还有联系吗？

金庸：我跟他们都是《大公报》同事，后来办《新晚报》。罗孚和梁羽生都是我的好朋友。罗孚常常见面的。梁羽生跟我也要好的，现在澳洲，生病生得很厉害，我准备过年的时候去看望他。他在香港中风进医院，我去看过他。现在我年纪大了，以前的很多老同事都过世了。

李怀宇： 你在香港办报纸和写小说，最核心的精神是什么？

金庸：最核心的精神是讲老实话。写武侠小说是为了写正义的人,好人就讲他好的,坏人就讲他坏的。社会上有这种人,我就要把他表现出来。

李怀宇: 听说你现在还在改自己的小说,是真的吗?

金庸:现在不改了,已经改了三次了,第三次已经改完了。《碧血剑》《天龙八部》《雪山飞狐》改得多。我第三次修改,陈墨提了很多意见,很多意见我都接受,主要意见是《侠客行》《飞狐外传》《雪山飞狐》。

李怀宇: 还会再改小说吗?

金庸:第四次再过十年再改吧。

李怀宇: 沈从文先生晚年喜欢改自己的小说,张兆和就跟他说:你不要再改了,越改越没有以前那么好。

金庸:小说是自己的作品,自己看总是觉得不好,需要修改一下。人家的作品我觉得不好,但是不好去修改人家的。

李怀宇: 你是自己喜欢改还是听了别人的意见才去改?

金庸:自己喜欢改自己写的文章。鲁迅也讲,一篇文章写好了放在那里,不要发表,过十几二十天拿出来看看,觉得不好,再修改一下,又觉得好一点,还是放在那里,再一年半载拿出来看看,再改一下会更好一点。

李怀宇: 你的小说在四十八岁以前精力最旺盛的时候就写完了,后来做了第一次修订,还有第二次,还有第三次,这个我就觉得很好奇。

金庸：我自己不是好的作家，好的作家都是这样子的。托尔斯泰写《战争与和平》，写好以后要交给印刷厂去付印了，印刷工人觉得这个字勾来勾去看不懂，他太太就重抄一遍，抄好了放在那里。托尔斯泰看这完全是根据自己修改的来抄，当然好得多，但是他觉得自己写得不好，又把他太太抄的草稿改得一塌糊涂。印刷工人还是看不懂，他太太又帮他抄一遍，托尔斯泰又把它改了。所以自己写的文章，一定可以改的。

李怀宇：问题是人家觉得你的小说已经可以不朽了，还要那么改？

金庸：不敢当，不敢当！我这个明河社是专门出我的小说的，我修改之后要重新排过，每修改一次要花很多钱的。普通作家写了以后，叫他修改一个字，他也不肯修改的，改一个字花钱太多了。这个明河社本来是可以赚钱的，赚的钱都花在修改上面。普通作家没有这个条件，给了印刷厂，印刷厂就不肯给你改的，要拿回来修改一个字也很麻烦的。

李怀宇：你有那么多时间和精力来改自己的小说吗？

金庸：当时看看改过已经不错了，但是再过十天八天看看，觉得如果这样写会好一点。我写武侠小说还是比较认真，比较用心的。

李怀宇：有人说，你是中国历史上最畅销的小说家。

金庸：我的小说容易看，像沈从文的小说我比较喜欢，但是比较高深,比较难懂,鲁迅的小说也很好看,但是我的小说比较热闹。

李怀宇:你相信一百年以后还有人读你的小说吗?

金庸:我希望有。

李怀宇:你有没有想过"不朽"的问题?

金庸:创作没有人生这样好,人生可以不朽,创作故事很难不朽。

李怀宇:你的小说大概是在中国最多被改编成为电影、电视的吧?

金庸:很多改编把我的小说歪曲了。香港人看了也不满意,他们说:如果你有金庸这个本事,自己写一个好了。他们不会照我原来的小说拍的。

李怀宇:张纪中拍的电视剧改编得怎么样?

金庸:我跟他说,你改了,我不承认。他拍的,我有些看,有些不看。有些拍得不好,我就不看,我跟他说你有些拍得不好,当面骂得他哭了。我太太就讲,你为什么骂人家,朋友嘛,他很努力拍,拍得不好有什么办法。我说:他不改好了。

李怀宇:我觉得《天龙八部》拍得比较好。

金庸:《天龙八部》没有什么改动的。以前我说:你不要改了,要改不如让编剧自己去写好了。编剧写不出来就没有本事吃饭了。

李怀宇：其实你在创办《明报》之前就曾经做过电影编剧，你的很多小说一章一节就是电影、电视的写法。

金庸：是的。我写剧本，当时是左派电影公司，他们要讲阶级斗争，讲贫富悬殊，要打倒有钱人，但是电影老是讲阶级斗争，人家是不喜欢看的。

李怀宇：你原来看过许多西方电影，然后把电影手法融入到小说里？

金庸：对，西方电影、电视我都看。当时在香港写影评，就每天看一部电影，香港放电影很多的，每天看一部都看不完的。现在没有这么多电影看了。

李怀宇：我到北京访问过李君维先生，当年他跟你一起考进《大公报》。

金庸：他是圣约翰大学毕业，跟我一起考进《大公报》的。我到香港来跟他有关，本来要派他到香港来，他刚刚结婚，不来香港，那么，报馆就派我来了。他现在怎么样？

李怀宇：李君维年轻时写小说很像张爱玲，非常可惜，后来几十年都不写小说了，就在北京的电影公司任职。

金庸：这个人蛮好的，当时在上海，他穿得漂漂亮亮的。如果他不是结婚，派他到香港来，我就不到香港来，那我就糟糕了。

李怀宇：人生有很多偶然性。

金庸：我和李君维相识也是非常偶然的。我在中央政治学校念书，后来被学校开除了，那时候孙国栋比我高两届，也是历史学家，周策纵也是校友，我们学校最出名的就这两位。孙国栋就讲柏杨翻译的《资治通鉴》有很多毛病。柏杨第一次来香港，我跟他辩论了一次。他认为秦始皇很好，我认为秦始皇坏到透顶，我们辩论得好激烈，他认为秦始皇统一中国，把一些乱七八糟的小国统一成为一个国家，所以秦始皇对中国有贡献。那时候张彻、董千里都是我的好朋友，大家围攻他一个人。后来我们不谈了，去吃饭。讨论学术问题也不损害友谊，后来我们也是蛮要好的。

柏杨认为秦始皇好，这个是很奇怪。柏杨其实有很多意见很好，像"酱缸""丑陋的中国人"，讲秦始皇这一点，中国历史学家讲秦始皇好的就很多，我认为不好。张艺谋也讲秦始皇好。

李怀宇：后来张艺谋拍《英雄》不就又说秦始皇好吗？

金庸：人家来访问我，我说，张艺谋拍《英雄》一塌糊涂。

李怀宇：你是不是有这样一种心理，觉得自己没有很完整地读过大学，所以退休之后想到大学里去读点书？

金庸：我喜欢读书，我觉得跟大学生做做朋友很有味道的。年轻人什么话也不客气的，大家放肆地随便讲，在浙大、在北大，这些同学谈天蛮好的。

李怀宇：当年你在政治学校被开除是怎么回事？

金庸：我到台北，我的表哥蒋复璁在台北"故宫博物院"做院长。他是我们海宁人，我们海宁地方小，世家大族通婚姻就这几个人，所以徐志摩、蒋百里、蒋复璁都是我的亲戚。蒋复璁带我去见李济、屈万里，对我说："以前在重庆中央政治学校念书，蒋介石是我们的校长，一听到蒋介石的名字要立正敬礼。"我就说："对校长当然要尊敬了，可是这样子就像对希特勒一样。"那些学生就打我："你为什么把我们校长比作希特勒，怎么可以比呢？"后来学校就把我开除了，说："你污辱校长。"我说："我对校长很尊敬的。"这一次到台湾去，现在政大的校长说："查先生，以前我们把你开除了，很对不起，现在言归于好，好不好？"我说："我当时应该开除的，我把校长比作希特勒。"他说："我们言归于好，送你一个文学博士，你接不接受？"我说："当然接受。"于是，我和张忠谋、林怀民三个人一起拿了文学博士。

我在政治学校是念外交系，现在外交系的这些年轻学生都是我的师弟师妹了，他们让我去演讲：我们现在在台湾念"外交"有什么出路？我说："你们学外语，现在台湾'外交'当然没有什么希望，你们学一些偏门的外文像阿拉伯文或非洲的文字，将来你是全中国唯一懂阿拉伯文、非洲文字的人，人家如果跟他们做生意，非得请教你不可。"这些师弟师妹们很兴奋，见了我就问学什么文字好？我说东南亚这些小国家文字、伊朗文、土耳其文都有用，他们以后就去研究这些文字了。

李怀宇：你到台湾去得多吗？

金庸：那时候蒋纬国生病很厉害，我去看他。我就跟蒋纬国讲:"陈水扁在搞台独,你一定在反对台独。"他说:"查先生,我现在每天都在反台独,他讲台独,我就骂他。我最反对台独了,我们中国人为什么要搞台独呢?"后来蒋纬国的家私都给陈水扁拿出来抖在街上。他说:"我也不行了。"

李怀宇:李济、屈万里、张光直都过世了。

金庸:我认识的这些人都过世了。我的表哥蒋复璁研究宋史的,他也过世了。沈君山中风了,以后能不能走路都不知道。柏杨生病的时候,我去看过他,他这个人蛮好的。

李怀宇:这一代人中,余光中最近刚过八十大寿,他的诗名气很大。

金庸:他最近不大写什么东西了吧?他如果再早一点,跟徐志摩他们写文章,这样子蛮好的。生得迟了!

徐志摩是我表兄。他爸爸是哥哥,我妈妈是小妹妹。他跟我妈妈差不多同年,活到现在已经要一百多岁了。他的诗比散文好一点。

李怀宇:人家常说"香江四大才子"。

金庸:这个讲法靠不住,不对的。从前写书的时候常常和蔡澜在一起,我跟蔡澜讲:"你讲好吃的东西,我绝对不吃。"他是新加坡人,喜欢的东西我全部不喜欢,你美食家再美也跟我没有关系,你推荐的东西我就不吃。

李怀宇：当年胡菊人和董桥主编的《明报月刊》各有各的风格。

金庸：是啊。我和胡菊人先生去访问过钱穆先生一次，钱先生的眼睛瞎了，报纸、书都是他太太念给他听。

李怀宇：钱先生晚年的《晚学盲言》就是由他口述，钱太太记录的。他讲话无锡口音重吗？

金庸：无锡口音跟我是一样的口音。

李怀宇：钱锺书也是无锡人。

金庸：无锡出了很多名人。章太炎先生在无锡也教过书，钱锺书的父亲钱基博先生也是有名的。钱锺书先生送了一套书给我，写一句"良镛先生指教"。我说《管锥编》当中有些我还看不懂，他送给我书，我就写了一封信多谢他。钱先生写信很客气，但是口头讲话就不留情面的，很锋利。

李怀宇：钱锺书对陈寅恪是很有看法的。

金庸：钱锺书写东西一点一点，写《管锥编》不成为一个系统。陈寅恪喜欢成一个系统，自己有前后，成为一个系统不容易，中国历史研究成为一个系统，这中间一定有毛病。

李怀宇：关于陈寅恪，余先生与汪荣祖之间的观点不大一样。

金庸：他们两个意见不同的。余先生大概不赞成陈寅恪的意见。汪荣祖崇拜陈寅恪，一面倒，陈寅恪很明显的毛病他也视而不见。陈寅恪在北京、在广州，不到台湾去，余先生觉得他不到台湾去，好像心里很苦闷，当时大陆有些学者就认为他是自己不愿意到台湾去。

李怀宇：余先生关于《红楼梦》的观点也跟一般的"红学家"不同。

金庸：余先生关于《红楼梦》的想法我很欣赏，一般人不是研究《红楼梦》，是研究曹雪芹，我就认为这个作品可能不是曹雪芹作的，作者如果不是曹雪芹，研究曹雪芹根本是错的。余先生的研究方向我觉得是对的。

李怀宇：余先生也不是专门研究《红楼梦》，只是玩玩，当时正好香港中文大学有个演讲谈《红楼梦》，后来成了《红楼梦的两个世界》。

金庸：潘重规先生在中文大学的时候，我跟他也熟的，潘先生就是"索隐派"，他认为《红楼梦》是反对清朝的。

李怀宇：你自己《红梦楼》看得多吗？

金庸：我自己看得不多。我认为《红楼梦》不见得是曹雪芹写的，完全没有证据证明是曹雪芹写的，现在有人研究曹雪芹的生平，一写几十万字，我觉得这个路线可能是错的。如果最后证明这个小说完全不是曹雪芹写的，那你的研究完全是空的。冯其庸先生跟我也是好朋友，但是我没有跟他谈这个问题。需要肯定作者是谁，如果连作者都不知道，去研究曹雪芹完全没有用的。

李怀宇：现在除了"红学"，人家还提出"金学"。

金庸：我不赞成有"金学"！

李怀宇：余先生家里有一套你送给他的金庸作品集，他说睡觉前看一看。

金庸：余先生跟我下过一盘棋，我认为他的棋比我好，因为他一开头不小心让我占了上风了，没有办法转，结果这盘棋他输了。我至今为止还是认为他的棋比我好。

李怀宇：现在普林斯顿没有人陪余先生下棋了。

金庸：我也没有人陪我下棋了。我看了很多书，花巧很多，余先生都知道，一路下一路讲给别人听，胡菊人先生在旁边。

李怀宇：余先生以前跟沈君山先生还参加过新英格兰的围棋赛。

金庸：我们几个人中，沈君山的棋最好，沈君山让我三子，让余先生两子，我跟余先生还不及沈君山。牟宗三先生就比我们两个差一点，他的棋瘾很大，我请他星期天来下棋，他一定来的。

李怀宇：以前余先生和张光直先生在哈佛大学谈武侠小说，严耕望先生从来不看武侠小说，听他们谈，最后受感染了，临行时向余先生借了一部武侠小说作为途中的读物。

金庸：严先生算不算余先生的老师？

李怀宇：不算，是师兄，他们都是钱穆先生的学生。很有意思，黄仁宇先生比余先生大十二岁，却是他的学生。

金庸：余先生的学问做黄仁宇的老师绰绰有余，我认为黄仁宇非常不对，余先生教得不好。余先生学问很好，不应该教出这样的学生来，这个学生很差。余先生我很佩服，可是余先生的这个学生我一点都不佩服。

李怀宇：在哈佛大学的学者中，王浩也非常迷金庸小说。

金庸：我见过何兆武先生，何兆武先生跟王浩是好朋友，他就跟我讲王浩，王浩很迷武侠小说。我到浙江大学去，何兆武先生推荐一个学生来考我的博士，这个女学生是研究五行的，我说：我不懂五行，你另外去找导师吧。浙江大学的束景南先生就比我更懂。照我了解，五行是迷信，没有什么意思。

李怀宇：许多我采访过的先生都喜欢看你的武侠小说。

金庸：他们拿武侠小说来换脑筋。很多科学家喜欢武侠小说，北京天文台发现一颗行星，来征求我的意见，叫"金庸星"，我说：那欢迎得很。这些天文学家说：我们空下来就谈金庸小说。

李怀宇：很多人给你写传记，你自己看吗？

金庸：人家写的传记不对，全部是假的，我可以肯定地讲一句，完全没有一个人来跟我谈过。我自己不写自传。写自己的事情，有好的，有坏的，坏的事情自己不大会写的。一本书全部讲我自己好的，那这本书就是假的。

金庸

1924—2018 年，本名查良镛，浙江海宁人。曾任报社记者、编译、编辑，电影公司编剧、导演等。*1959* 年在香港创办明报机构，出版报纸、杂志及书籍，*1993* 年退休。先后撰写武侠小说十五部，影响深远。

蔡澜

———

我的正业是玩

"能将忙事成闲事，不薄今人爱古人。"

我刚出道时，一度对香港文化入迷，尤其心折香江才子。发愿要一一访问，后来果然如愿以偿。如今多人已逝，唯独蔡澜还在云游江湖，一路不乏美食、美女、美景。世人称道蔡澜写食评、影评、游记皆妙，我尤爱读他写人的文章。我这十几年来也算在人物访谈和写作上刻苦琢磨，每见蔡澜写人物，不免望洋兴叹，叹服的是他的阅历和豁达。

蔡澜先生在香港的公司还在经营，2004 年我第一次应约去畅谈。记忆里，他的办公室有许多稀奇古怪的东西，一见难忘的是两位巨星相赠的礼品：成龙的醉拳模型和周润发的摄影作品。启功的书法则是："能将忙事成闲事，不薄今人爱古人。"

蔡澜的办公室还有一幅画，朦胧之中，一位妙龄少女美目盼兮，引人遐思。我隐约记得题字："叫你来你又不来，叫你去你又不去，你这个王八蛋，我爱你！"忍俊不禁，蔡澜说："那是我的绘画老师画的。"后来我才知道，这位绘画老师是丁雄泉。

生活里，蔡澜抽烟喝酒品茶。凡是附庸风雅之事，他都能玩一点。谈书法，蔡澜笑道，大导演张彻的书法也不俗，在邵氏共事时彼此常常切磋。他的父亲蔡文玄是潮州人，烽火年代移居南洋。蔡澜的书名，多是自己老爸亲笔题字。蔡澜的书柜里放着自己的数十种著作。我最喜欢《荤笑话老头》，厚着脸皮要了一本，有此书，旅途中不愁寂寞。

香港流行"四大才子"之说，蔡澜说："按咱们潮州老辈人的说法，才子至少要具备这些条件：琴棋书画拳，诗词歌赋文，山医命卜讼，嫖赌酒茶烟。按这个标准，才子二字，与我无缘。"不过，我所知的关于金庸、黄霑等人的趣事，大半都是从蔡澜那儿听来的。可惜黄霑先生去世得早，我没有好好地留下访问记录，他当日跟我讲过的妙语都忘记得差不多了，看来"好记性不如烂笔头"是对的。

金庸的武侠小说，黄霑的词作，蔡澜的散文，相信很多年后还会有读者。这些作品，我读来读去还是觉得金庸最好玩，只是金庸本人的谈话太正经，倒是其他人都好玩得不得了。

而蔡澜，一般人会叫他"玩家"。尽管他似乎有数不清的头衔：电影人、作家、美食家、旅行家、电视节目主持人。他却笑着自我评价："我作为电影人，是一个很不称职的电影人；作为写作人，是一个可以说很轻浮的写作人，也不算是很称职；我做商人只是做小买卖，也不算是很称职的。我想我比较拿手的是能够逃避现实，能够笑一笑，我的心情比较愉快，我能够把坏的事情往好的地方想，这种天塌下来当被盖的性格让我成为做很愉快的人的专家，这个我很称职。"

金庸吹捧蔡澜的话，有一段我深信不疑："蔡澜是一个真正潇洒的人。率真潇洒而能以轻松活泼的心态对待人生，尤其是对人生中的失落或不愉快遭遇处之泰然，若无其事，不但外表如此，而且是真正的不萦于怀，一笑置之。'置之'不大容易，要加上'一笑'，那是更加不容易了。"

我听潘耀明先生说过，他的朋友妻中，最有雅量的是蔡澜的太太，结婚几十年，不生小孩，生活一直很美满。蔡澜写过："最好的男女关系是你有你的生活，我有我的生活，我们在一起互相欣赏地爱。"也许这正是他自己的婚姻秘笈。

蔡澜写的老友，皆是我年轻时神往的人物：金庸、黄霑、亦舒、黄永玉、古龙、张彻、胡金铨、蔡志忠……写人难，写名人更难。一个人一旦出名，自然有各路豪杰臧否。恭维有时未必得体，批评也不见得全出于公心。好像有一位大家说过：声名是误会的总和。而声名背后的苦乐，往往千人万人中，一人二人知。知心者，老友也。

金庸先生说:"我和蔡澜对一些事情的看法都很相同。只是对于吃的,他叫的东西我一点也吃不惯。"通过蔡澜近身的观察,我们才知道:"数年前,经过一场与病魔的大决斗之后,医生不许查大侠吃甜的。但是愈被禁止愈想吃。金庸先生会把一条长巧克力不知不觉地藏在护士的围裙袋里面。自己又放了另一条在睡衣口袋中,露出一截。查太太发现了,把他睡衣口袋中的巧克力没收了。但到楼上休息,金庸先生再把护士围裙袋里的扒了出来偷吃。本人稀奇古怪。不然,他小说中的稀奇古怪事又怎么想出来的呢?"

我很喜欢看蔡澜写和老友们吃吃喝喝的趣事。"每回都是查先生埋单。有时争着付,总会给查太太骂。总过意不去。但有一次,有人说:'你比查先生有钱吗?'说得我哑口无言,只好接受他们的好意。"

蔡澜对亦舒很欣赏,写了许多信给她。其中有一封信,我多年前读到,即刻记住重点:"有一次到台北古龙家中做客,正是他最意气风发的时候。古龙说:'我写什么文字,出版商都接受:有一个父亲,有一个母亲,生了四个女儿,嫁给四个老公,就能卖钱。'返港后遇查先生,把这件事告诉他,查先生笑眯眯地说:'我也能写:有一个父亲,有一个母亲,生了四个女儿,嫁给五个老公。''为什么四个女儿嫁给五个老公?'在座的人即刻问。这就是叫做文章!"信中的这个故事,让我想起网上有一妙句:"文似看胸不喜平。"

我个人的印象，蔡澜写黄霑、古龙的文章，最是有情有趣。《黄霑再婚记》一篇，我看过好多遍，每一次都忍不住笑。而蔡澜讲黄霑的一个个笑话，我常常借来作为饭余的谈资，总能博得同座者一笑。写古龙的一篇中，蔡澜这么开玩笑："古龙喝酒是一杯杯往喉咙中倒进去。是名副其实地'倒'。不经口腔，直入肠胃。这一来当然醉，而大醉之后醒来，通常不在杨柳岸，也没有晓风残月，就是感到头大五六倍。他的头本来就很大，不必靠酒来帮忙，我想他喝了酒，别的部位也大了吧，不然怎么应付得了那群有经验的风尘女子？"在这些玩笑背后，也许只有知己才明白高手酒醒时的寂寞。

"老友是古董瓷器，打烂一件不见一件。"

蔡澜学艺术的老师是冯康侯和丁雄泉。蔡澜向冯老师学习篆刻和书法，向丁先生学习绘画。冯老师告诉蔡澜："眼高手低。更是好事情！好的东西看得多，能够吸引便叫眼高。眼高表示欣赏力强。手低只是技巧的问题，勤能补拙，多做功夫手便不低。最怕的是，眼也不高，手也不高。"蔡澜自得冯老师之熏陶，开始读碑帖、学篆刻、看名画。而蔡澜向丁雄泉学画画，问："要不要正式来个拜师典礼？"丁先生大笑："那是流氓才做的玩意儿。我们是朋友，一起向天真的感情学习。"两人去一家餐厅吃饭，丁先生却叫了很多道菜。"够了，够了。"餐厅经理说。"老远乘飞机来吃的，多一点不要紧，"丁先生说，"而且我们还请了很多朋友。"经理问，"什么时候来？""不来了。""丁先生和蔡先生请客，怎么不来？"经理问："到底请了什么人？"丁先生笑说："请了李白，请了苏东坡，请了毕加索。都来不了。"

蔡澜早年在电影界工作，和著名导演、明星都有近距离接触，写起来全无隔靴搔痒之感。我最早读到《悼张彻》一篇，颇为震动。文章说："在拍摄现场，张彻大骂人，骂得很凶。对副导演、道具和服装，一不称心即刻破口大骂。张彻似乎在徐增宏身上学到的是骂人。我觉得人与人之间总要保持一份互相的尊敬，但张彻绝不同意。每一个人都不同，只有由他去了。"后面又说："我亲眼看到一些已经三十多岁的导演被张彻骂得淌出眼泪来，深感同情，对张彻甚不以为然。发誓有一天和他碰上一定和他大打出手。张彻从不运动，打不过我的。"但是蔡澜与张彻之间好像没有冲突过。张一有空就跑到蔡的办公室，聊聊文学和书法，喝杯茶。偶尔也约金庸他们一起去吃上海菜。病过之后，张照样每天拍戏。闲时又来蔡的办公室喝茶，向蔡说："人在不如意时可以自修。"蔡在张鼓励之下做很多与电影无关的学问，但张彻本人能劝人自己却停留着。动作片的潮流更换了又更换，李小龙的魄力、成龙的喜感、周润发的枪战等等，张彻的动作还是京剧北派式的打斗，一拳一脚。2002 年 4 月，香港电影金像奖发出"终身成就奖"给张彻时看到他的照片，已觉惨不忍睹。"英雄，是的，不许见白头。我一方面很惦记他，一方面希望他早点离去。不能够平息心中的内疚，我只有怨毒地想：'当年那么爱骂人，罪有应得！'"

蔡澜悼念另一位大导演胡金铨，用的是另一种笔法："记得家父常说：'老友是古董瓷器，打烂一件不见一件。'家中挂着一幅胡金铨的画，描写北京街头烧饼油条小贩的辛勤。他没有正式上过美术课，其实他也没有正式上过任何课，但样样精通。英文也是自修；画，是在摄影棚中随手捡来的手艺之一。"在这一点上，蔡澜的"样样精通"倒与胡金铨异曲同工。又说："闲时胡金铨便读书，他属于过目不忘的那种人。金庸、倪匡都是。他们一谈《三国》，什么人的名字、穿什么衣服、说过什么话，都能一一背出。"由此可知，这些看似天才式的人物，都曾下过外人不知的苦功。

写明星，蔡澜笔法轻松，却带出不一般的成功之道。不管今天的成龙在观众心中形象如何，他早年的刻苦，在蔡澜写来，别有一番动人之处。如后藤久美子来拍《城市猎人》的时候，日本影迷认出是她，上前要求签名。她最初不瞅不睬，后来成龙向她说："亲近影迷是我们做演员工作的一部分。"后藤久美子被点醒之后露出笑容，可爱得多。

蔡澜写洪金宝，特别点出洪喜欢做菜，而以下这个故事，是我喜欢听而蔡澜喜欢重复讲的："话说洪金宝没有辣椒，叫太太高丽虹来我那借。我给了两颗最小但也最致命的哈瓦那辣椒（Habanero），洪金宝看了以为我孤寒，将辣椒切丝后电话来了，他去听。听完顺道上洗手间，结果连肿三天。"

蔡澜偶尔写些严肃一点的文章，如《论李安》，即显出他在电影上的功力。"从前的导演,知识分子居多。当今的,就是缺少了书生的气质。有了读书人的底子,就能把文字化为第一等的形象出来。任何题材都能拍,都能去挑战,创造出经典来。李安是目前少有的一个知识分子,我们可以在《理智与感情》中看出他的文学修养已经跨越了国籍,英国人也不一定拍得出那么英国的电影来。"蔡澜进一步分析:"有位心理学家说,男人身上总存有一点点的同性恋倾向。李安有没有大家不知道,不过在这一方面,他应该是熟悉的,从《喜宴》一片中可以看出端倪,在《断背山》更是发扬光大了。"

蔡澜在《谈论摄影——给周润发的一封信》中说:"我也喜欢硬照摄影,但看的比拍的多,自然眼高手低。我的书法老师冯康侯先生说过:'眼高至少好过眼不高。'我只能用一个业余爱好者的身份和你分享我学习摄影的经验。"谈论了一番摄影专业之后,蔡澜说:"最后,是成'家'的问题。学一样东西,众人都想成'家':画家、书法家、篆刻家和摄影家。这都是精神负担,到头来成不了'家'的居多。我们爱上一种东西,只管爱好了,成不成得了'家'又如何? 百年之后的事,与吾等何关? 管它什么鸟?"

蔡澜写《卜少夫先生》,关于酒,与别人无异:"来了香港后遇见卜少夫先生,我这个无名小卒他不会认识。介绍之后,老先生把我抱得紧紧的:'听朋友说你也爱喝酒。'后来数次的宴会中,我们都坐在一起,话题不离酒。卜少夫先生逢酒必喝,逢喝必醉,但绝对不麻烦别人。醉后就笑嘻嘻回家。这一点我向他学习,也能像他那么喝了。"后面部分却是一般人不知道的："卜少夫先生的哥哥就是鼎鼎大名的无名氏先生，我们年轻时看他的书看得入迷。听说无名氏来了香港，有人即刻请他到夜总会去玩。无名氏先生抓着舞女的手：'这么年轻就堕入火坑，真可怜。'舞女瞪了无名氏先生一眼，逃之夭夭。"

"女友不少，但皆接之以礼，不逾友道。"

蔡澜有很多女朋友，可是从来没有听他闹过绯闻。他的老友金庸说："蔡澜见识广博，懂的很多，人情通达而善于为人着想。琴棋书画、酒色财气、吃喝玩乐、文学电影，什么都懂。他不弹古琴、不下围棋、不作画、不嫖、不赌，但人生中各种玩意儿都懂其门道。于电影、诗词、书法、金石、饮食之道，更可说是第一流的通达。他女友不少，但皆接之以礼，不逾友道。"

蔡澜同辈的两位女友，方太是饮食界的名人，郑佩佩是电影界的明星。为方太新书作序，蔡澜说："方太离了婚，带着一群孩子，一手把他们养大，到最后，还要陪孙子们，她就是那么一个坚强的女人，一切，都可以用肩膀扛着，不哼声，乐观地活下去，也把这种生活态度传了下去。当今出书，由她的经验中，我希望每一个女人都能和她一样，别再一哭二闹三上吊了。"方太和蔡澜都住九龙城区，有时买菜相逢，方太教导蔡澜，比方煮青红萝卜汤，她说加几片四川榨菜即能吊味，照做了，果然效果不同。更妙的是，《方太广场》是一个有观众的现场节目，有一次做完节目，一个八婆问:"你认识蔡澜吗?"方太回答:"认识呀。"八婆说:"他是一个咸湿①佬呀!"方太语气冰冷:"他看人咸湿,对方要是你的话,你可得等到来世了。"

而蔡澜为郑佩佩的《回首一笑七十年》作序,原来两人20世纪60年代末就在日本认识,当年郑佩佩学蔡澜的同学叫他老蔡。1970年大阪举行世界博览会,老蔡去拍纪录片,"在美国馆中展示了最有权威的杂志 *Post* 中名摄影师所拍的世界最美的女子一百人,中间有张佩佩的黑白照片,长发浸湿,双眼瞪着镜头,的确是美艳得惊人,记忆犹新"。那张老照片就是今天看来,依然美艳。

可惜,1971年郑佩佩退出影坛,嫁到美国去。"在美国,她当了一个贤妻,为原文通生了一个又一个的女儿,但原家希望有个儿子,佩佩不断地生,我们这些老友都说够了吧,够了吧。终于,生了个儿子,大家都替她舒了一口气。"没想到最终听到郑佩佩和夫婿离婚的消息,后来才有她在李安的《卧虎藏龙》中重出的消息,还听到她摔断了腿。蔡澜写道:"一生,好像是为了别人而活的,最初是她的母亲,一个名副其实的星妈,干劲十足。后来又为丈夫,到现时还不断为子女,佩佩像她演的女侠那么有情有义。胡金铨导演在加州生活时的起居,他死了了的后事,她都做得那么足。杀母后捉着头颅到处跑的邢慧,在美国被判刑后,佩佩为她四处奔跑,又常到狱中探望。两人在邵氏期间不是很熟,只是

---

① 广东话中的俚语,指下流、猥琐的男人。

同事，佩佩也做尽身为香港人，为香港人出一分力量，实在是可敬的。"

蔡澜写电影界的女明星，角度独出心裁，让人一读难忘。他写方盈，专谈那对白靴。当年在日本拍戏，"已经是深夜三点了，忽然，听到外面碰碰撞撞的声音，乡下旅馆的职员全睡了，岳华和我走下楼去看。有人把大门的铁闸踢了又踢，又大喊开门呀，开门呀，打开一看，不是方盈是谁？……走进房间，衣服也不脱，倒在床上想睡即睡。翌日一早开工，还是昨晚那件。我们走出门，看到铁闸凹了进去，是给方盈踢坏的"。蔡澜说："数十年后方盈当电影的美术指导，我们重逢，谈到此事，大笑一番。当今想起，她那双白靴，表皮一点也没受损，质地应该很好，是名牌货吧？"

蔡澜写沈云，用的是另一种笔法。沈云是位贤妻良母，供养儿子到波士顿念书。"一次造访，下飞机后，他儿子准备了被单和野餐用具，沈云问去哪里。儿子不答。一路，来到一个广阔的公园，找到一角，铺了被，让母亲仰卧看云，旁边，有一交响乐团作露天表演。这种情景，香港何处觅？沈云深深地感动了，决定举家移民。到了当地，无所事事，沈云发挥出女人的天生本领，开了一家中国餐厅，从小变大，成为当地名人聚集的场所。后来年事渐高，把餐厅卖掉，弄孙去也。"从文中可见蔡澜早年从事电影工作，笔下很有镜头感。他用文字所描写的分明就是电影情节。

蔡澜可谓看尽繁华，对明星在灯光下的辉煌固然见惯，而对过气之后的落寞更有深入骨髓的理解。因此，蔡澜在《琉璃》一文中写杨惠珊,有这样的感慨:"在我三十多年的电影生涯中,认识的女明星不少。家庭破碎的也有,潦倒的也有,消失的也有。我也认识很多后来成为贤妻良母、家庭美满的演员,俗人知道也好,不知道也好。她应该是最幸福的一个吧。看到她的表情,很像《芭贝之宴》一片的女主角,用尽一切为客人做出难忘的一餐。人家问她:'你把时间和金钱统统花光,不是变成穷人吗?'芭贝回答:'艺术家是不穷的。'朋友常问说我写的人物,是不是真有其人? 在她的例子,是真的。她的名字叫杨惠珊,又叫琉璃。"

　　蔡澜作文,深得电影之妙,常在结尾一段有神来之笔。他写《何妈妈》,主角是当年最红的何璃璃的妈妈。何妈妈一出场,她戴着的白帽子,是貂皮做的。"我的天,在南洋的大热天中!"何妈妈在剧组百般挑剔,谁都怕她。没想到蔡澜的结尾是这样写的:"原来何爸爸也跟着大伙来拍外景,而何爸爸在吉隆坡有婚外情,临返港之前和她温存去也。我停下笔,走出去,把矮小枯瘦可怜的何妈妈抱在怀里,像查理·布朗抱着史努比,何妈妈这时才放声大哭。'我的儿呀!'她呜咽。从此,我变成何妈妈的儿子,她认定我了。电影圈中,我遇到任何困难,何妈妈必代我出头,百般呵护。何妈妈虽然去世得早,我能吃电影饭数十年,冥冥之中,像是她保佑的。"

　　多年来,蔡澜文章的御用画师是苏美璐,书中也收了几篇写苏美璐的文章。原来,苏美璐家学渊源:"苏美璐父亲苏庆彬先生为了完成他老师钱穆先生的遗愿,花了五十六年心血把《清史稿全史人名索引》一书整理出版。对于一般人来说只是两本很厚的人名记录，但对历史研究者而言，是多么珍贵的资料！"蔡文苏图配合得天衣无缝，不是无缘无故的。蔡澜写道："苏美璐想的是我穿圣诞老人红袍，骑马，扮成堂吉诃德出现，我很喜欢这个主意。但是当今的我是那么胖，堂吉诃德应该又高又瘦才像样呀！他老人家一生追求的是美丽的梦，我并无理想，不能相比，太惭愧了。如果说有点东西追寻，那么只是一些美食吧，我希望苏美璐画的蔡澜版堂吉诃德找的是一碟红烧肉。"而有位读者来信，说看蔡澜的文章，画比内容好，苏美璐的插图更为精彩。蔡澜听了没有被浇一头冷水的感觉，反而很同意他的说法。

蔡澜早年留学日本，工作后常到韩国，对日、韩两国的女子情有独钟。在日本时，"离乡背井，我们都把自己当成浪迹江湖的浪子，而这些欢场女子，正如古龙所说，都有点侠气，不工作时对普通男人眼神有点轻蔑，但对我们则像小弟弟，搂搂抱抱"。后来他恋爱的几位日本女友，各有各的风情。而在韩国，蔡澜还结识了一位伎生①，"和那伎生交往了一段日子，偶尔她会带我到汉江去，岸边停泊几条小艇，我们租了，船夫便撑到江中，点了蜡烛，用一个纸杯穿个洞当灯罩套上"。汉江边的此情此景，他写过好几回，想必魂牵梦萦。

蔡澜的少年梦是："小时候读古书，看名画，见诗人携青楼名

① 伎生：指韩国旧时提供歌舞的艺伎，处于社会底层。

妓数名游山玩水,羡慕之极,向上苍许愿,愿在人间一日,能有同样艳遇,死也瞑目。"

食物跟心情息息相关

蔡澜先以电影为业,后在饮食界成大名。他从饮食的角度看女人,不得不听:"看女人吃东西最有趣,有时不懂得命理,也能分析出对方的个性和家庭背景。比方说主人或长辈还没举筷,自己却抢最肥美的部分来吃,或者用筷子阻止别人夹东西,都属于自私和没有家教的一种人。进食时啧啧、嗒嗒、啰啰地发出巨响,都令人讨厌,不断地打噎而不掩嘴,也不会得到其他人的好感。餐桌上的礼仪,就算父母没有教导,也应该自修,不可放肆。"蔡澜宣称:女人之中,最欣赏的是大食姑婆。"原因可能是我上餐馆的时候,一喝酒,便不太吃东西,所以见到身旁的女伴一口一口地把食物吞下,觉得着实好看。"又宣扬蔡氏金句:"好的女人,似乎是怎么吃也吃不胖的,这是她们天生的优越条件。"

对爱喝一点酒的女人,蔡澜更是欣赏得不得了:"黄霑他们和我在做《今夜不设防》的节目时,也绝对没有迫女人喝酒的那种败坏的行为。我们自己喝,但不勉强人家喝。电视上我们会问对方要不要来一杯,她们要是点头,我们就把酒瓶放在她们面前,让她们自己倒来喝。通常,我们一个一小时的节目要录上两个半钟头以上。和女宾们的对话,第一个小时是热身运动,多数是剪掉。到她们有点酒意,谈话比较开放的时候才开始用起。风趣的女子真不少，王祖贤就说她本来是单眼皮，有一天忽然打个喷嚏，变成了双眼皮。"

蔡澜进一步发挥自己的人生哲学：不喝酒的女人并不一定比喝醉酒的女人好，因为会喝酒的人生，至少比不会喝酒的人生，要多快活三分之一。更妙的是："最后一位是早上喝、中午喝、晚上喝，平均一瓶白兰地喝两天。而且，她绝不麻烦别人，给人家请客，也自带袋装瓶子，主人有酒的话照喝，没酒就自动地拿出来。今年，她已八十四岁，健康得很，不喝酒那天，子女们都替她担心。这是真人真事，她是我的母亲。"对于蔡澜的母亲，可在《蔡澜家族》一书中见其风采。我听过一个趣闻，有一次蔡澜与蔡澜的母亲和一位老友共进午餐，蔡母带了一瓶洋酒，这位老友说："伯母，我们中午就不喝酒了。"蔡母说："怕什么？现在巴黎是晚上时间。"不知这个故事确否？以性格而论，蔡澜遗传母亲的基因也许比父亲更多。

别看蔡澜整天以笑堆面，他成为美食家，却因一件不快之事而起。当年蔡澜初出江湖，请父母到酒楼美食一餐，不想上桌的饭菜质劣价高，服务态度更差。蔡澜一气之下，便写了一篇批评文章到报馆，不料大受欢迎，从此一发不可收，渐成了品食的高手。有一次，蔡澜和朋友吃饭，突然感叹父亲已不在人世，即使再有万般美食也难尽孝心，说这话时，眼中盈盈，几欲呜咽。

蔡澜推介的美食里，我觉得最好吃的一道，无色无味，直入人心，是微笑。

脑海里,蔡澜的微笑始终不变。许多对答,几乎可以注册蔡氏商标:

"走了这么多国家,最喜欢的国家是哪个? 为什么?"

"最喜欢的国家是跟女朋友去的国家,没有为什么。"

"在饮食上最大的口福是什么?"

"最大的口福是跟女朋友一块儿吃的,也没有为什么。"

"健康的秘诀是什么?"

"抽烟、喝酒、不运动。"

"人生的最高境界是什么?"

"酒不论好坏,重要的是与好朋友一起饮;食无所求,只希望想吃什么有什么。"

这是典型的蔡澜哲理:食物跟心情息息相关。这种老人言,听了不会吃亏:"做人千万别刻薄自己,煮一餐好饭,也可以消除寂寞。我年轻时才不知愁滋味地大叫寂寞,现在我不够时间寂寞。"

李怀宇:你现在除了写专栏以外,还有蔡澜企业、旅游、食品,兴趣好像很广泛?

蔡澜:凡是有兴趣的东西都做,都是玩的成分多一点。写东西也是随心所欲,都是一些游戏的东西。

李怀宇:到你现在这种境界,写作占了多大的分量?

蔡澜：我在香港写东西，稿费不错，也是我收入的一部分。现在写作占了我很多时间，你看的时候可能觉得很随意，但是我都是写完了看很久，有些编辑水平也不是很高，会弄错，那么传真过来以后，我还要多看一遍。我认为做什么事情都要认真，就很花时间。

李怀宇：那时间怎么支配？

蔡澜：那就睡觉少一点，一天睡八小时不知道是谁想出来的，也没有什么科学根据。只要觉得睡够就行了，如果少睡一个小时，一个月就多出一天来了。我年轻的时候也睡得很少，因为那时候拼命地打好经济基础。

李怀宇：写那么多专栏，有没有心理上的压力？

蔡澜：难的是构思，写的时候就比较轻松了。压力是有的，整天要不停地思考，分时段写，比如睡觉之前，或者说三四点钟起床写到天亮。

李怀宇：看你的文章，会觉得很轻松，你是如何理解自己这种风格的？

蔡澜：我的文章，尽量写得轻松，是因为香港社会太忙碌了，不想让大家精神负担太沉重了。

李怀宇：这些文章其实都是你以前经历的厚积薄发，你把人生体验带入文字时，有没有考虑到其中的取舍问题？

蔡澜：想到什么就写什么了。有时候真的不想限制于某种题材，尽量减少写作的压力。但会想，至少可以让人家笑一笑啊。

李怀宇：你在写这些文章的时候，有没有想过要启发读者的思想？

蔡澜：一个人不能影响另外一个人，只能说把他已经有的东西带出来。

李怀宇：在你心目中，好的文章是什么样的呢？

蔡澜：至少要有一点知识性的东西，这个是基本的，在了解各种事物上的感想、情趣，这些都要有。读者喜欢不喜欢，就要看你自己的个性，如果你喜欢批判性、严肃一点的，就去读鲁迅的文章，你喜欢情趣性的，就去读周作人的文章，各有所需。

李怀宇：我看金庸先生写过一篇文章，说最喜欢跟你一起去玩。

蔡澜：我们很合得来，他很看得起我！我们刚刚从柬埔寨回来，去了一趟吴哥窟。

李怀宇：你跟金庸先生交往多年，对他的印象如何？

蔡澜：他是我最敬佩的人，因为那时候看他的小说，看得入迷了，两三年翻看一次，也入迷，再两三年翻看，再入迷，到现在看了十几、二十遍的都有。我最近又在翻看，很好看，写得很精彩。

李怀宇：作品之外，他在生活中是一个什么样的人？

蔡澜：他睡得很晚，早上也很迟起床，然后就看书，看很多很多书，看书看得最多的人是他了。他看了也能记下来，记下来可以写出来，这个让我很佩服。

李怀宇：黄霑又是什么样的人呢？

蔡澜：黄霑在音乐上的才华是不可否认的，对音乐的认识也非常有趣。

李怀宇：你和几位老友曾主持电视清谈节目《今夜不设防》，当时情况是怎么样的？

蔡澜：那时候，我们中的一位兄弟爱上了一个夜总会的妈妈桑，就常常请我们到夜总会去。那个夜总会在北角，不大，地方不是很好，那些女的又比较庸俗，酒也不是最好的酒，结果我们三个人一直讲话，那些女的就一直笑，变成我们在娱乐她们。那么，他请我们十次，我总要付一次吧，一次就三万块钱，这三万块花得很心疼啊。我们说既然要花这个钱，让那么多人笑，不如就把它搬去电视台谈同样的东西嘛。女明星又漂亮，酒都是最好的，别人赞助的，还有钱拿，这不是很好吗？那就做了这个节目，话题没有限制，什么都讲，大多是比较好笑的吧。考虑到娱乐成分，就请了许多美女嘉宾，美女永远是能使娱乐增色的。

李怀宇：现在回想起来，《今夜不设防》是不是非常有意思？

蔡澜：至少那时候的收视率是七十几个百分点，人家是十几个，这等于是香港一百万人看电视的话，有七十几万人看《今夜不设防》。但是，现在连回放都不行。

李怀宇：为什么？

蔡澜：因为我们在里面抽烟，现在不能抽烟；我们在里面又喝酒,现在不能喝酒,要喝酒可以,得放在茶杯里面。现在的节目不允许这样。

李怀宇:你曾经说过自己健康的秘诀是"抽烟、喝酒、不运动",现在还保持吗?

蔡澜:对啊,还是抽烟、喝酒。

李怀宇:你曾在邵氏和嘉禾两大电影公司任职过,回头是如何看这段经历的?

蔡澜:我20世纪60年代中期到80年代中期在邵氏,80年代到90年代末期在嘉禾。邵氏的电影减产后转向发展电视,而嘉禾的人马正好都是邵氏的老同事,我就顺理成章地过去了。邵氏当年首创把字幕打到电影上,东南亚华侨都鼓励子女去看邵氏电影,学习中文,这对电影发展是一件很有意义的事。

李怀宇:很多好朋友都是那时候认识的?

蔡澜:是呀,好朋友中,金庸、张彻、胡金铨他们都是饱读诗书的人。

李怀宇:你的两位老板——邵逸夫和邹文怀,你是怎么看他们的呢?

蔡澜:邵逸夫是影坛很重要的人物,是全世界看中国电影看得最多的人,他不间断地每天看一两部电影。邹文怀本身没有邵逸夫那么热爱电影,他先在邵氏做到制片经理,他走后,我才接任他这个位置。邹文怀是一个聪明绝顶的人，交际手腕也是第一流，外国制片人、外国演员都被他的魅力吸引住了。

李怀宇：你监制过成龙的多部电影，印象中成龙是什么样的人？

蔡澜：在邵氏的时候，成龙就演过一个小二哥，没有打戏，只是一个小角色。成龙刚开始一句英文也不懂，到后来能上那种美国名嘴的节目，这是用功的表现。一个人的成功绝对不是偶然的，都是要经过很大的努力，他学什么，都是很专心的。

李怀宇：你对电影是抱着一种什么样的态度？

蔡澜：我只是替老板赚钱，我把电影当成一个商品。在邵氏也好，在嘉禾也好，是一个工厂，我们也只能做出一些普通大众最喜欢的、最欢迎的戏，所以也没有什么值得骄傲的。我自己喜欢外国电影多一点，现在还每天都看。如果说中国电影看得最多的是邵逸夫，那么中国电影和外国电影加起来看得最多的应该是我吧。

李怀宇：你为什么监制风月片？

蔡澜：我们对电影市场的认识，是从邵逸夫先生那儿学来的。他曾经跟我讲过，在市场很萎靡的时候，就可以拍一些风月片，能够把这个市场振兴起来，市场振兴了，电影工厂才能维持下去。后来我到嘉禾的时候，有一阵子票房开始低落，我就学邵先生所讲的，拍各类电影，风月片是其中的一种。在有些地方看来，或许会被认为是不应该做的事，但是对于观众而言，也是一种需要。

而且我们拍这些风月片最大的满足感就是，我到菜场去买菜，有个卖猪肉的对我讲，你拍的那些片子，我跟我老婆昨天晚上看了就很高兴。娱乐大众也就够了。

李怀宇：作为一位美食家，你对美食的评判标准是什么？

蔡澜：要名副其实地好吃，这个是最基本的。最基础的东西最好吃，豆芽炒青菜是最好吃的。同时，要善于比较。

李怀宇：你去过香港无数的菜馆，是你主动去的多还是人家邀请的多呢？

蔡澜：主动去的比较多，约的也有。不过原则就是不让人家请客！作为普通美食家，可以让人家请客，但是要是发表文章的话，就不能让人家请客。中间当然也会带有感情因素，几个漂亮女朋友开的新餐厅，就是多么不好吃，也会有偏袒的。

李怀宇：我听过一个说法，香港很多餐馆因为听说你要去品尝，就专门用心做非常好的东西，你会有这样的感觉吗？

蔡澜：有啊，手指都有长短。

李怀宇：现在很多餐馆都以你的推荐作为招牌，这对你以后再品尝美食会不会有影响？

蔡澜：肯定有影响，他们要这样做，我也阻挡不了。

李怀宇：有一个观点说，人的味蕾是有记忆功能的，小时候吃过的好东西，长大后认为最好吃的东西还是小时候吃过的。这有

科学道理吗？

蔡澜：绝对有的，而且这个忘不了的。我们常常以"吃过更好的"来比较，如果以前吃了更好吃的，那就不够好，如果这顿是比以前更好，那就更好。我们都是以这样的水准来批评吃过的东西的。从当地的食物来比较，再从自己国家各个地方的食物来比较，然后再将全世界的食物来进行比较，就会公平一点。

李怀宇：中国菜之外，外国菜你比较喜欢哪里的？

蔡澜：我喜欢的很多，每个国家都有它的饮食文化，要找他们好的东西出来。有人吃韩国菜就叫烤肉，我从来不叫烤肉的，因为韩国菜中其他的饮食文化很精彩。比如说，有一种东西叫做神仙炉，就像我们潮州的暖炉，小小的，一人一道，里面什么东西都有，很有意思。在泰国菜中，最热的一天就用一个碗盛满冰水，下面几颗饭，上面放花朵，让你在没有胃口时想多吃几口，这是他们的文化。

李怀宇：国外有人说，西方最好的美食是法国菜，又说东方最好的美食是日本菜，为什么对中国菜的评价没有我们想象中那么高？

蔡澜：中国人的移民到处都有，他们做的菜并不是最好的，而且多是穷人去吃，用的材料、做的方式，一向都没有给别人特别干净的感觉。日本人的卫生条件好，虽然吃的只是一块生鱼，并不需要什么烹调，日本人会选最好的鱼的最好部分，用上最好的包装，而且卖的价钱很高。中国人不尊重他们的厨师，厨师们躲在厨房里,满身都是油渍,脏脏的。法国厨师的地位很高。

李怀宇:你现在吃遍大江南北,对国内的餐饮业有什么看法?

蔡澜:我觉得最大的毛病是忘本。罪魁祸首是香港人,香港人吃海鲜,因为海鲜可以卖个好价钱,以致全国各地都在卖海鲜。想吃到一些地地道道的地方菜,很难!还有一些地方菜故意迎合所谓当地客人的口味,这个是最不能长久的。人家开了一家更新更美的,你就完蛋了。如果你能保持原汁原味,人家吃了觉得很好,有一班食客一直来支持,这家店就能持续下去。

李怀宇:美食、电影、旅游、友情等人生经历,你都写到书里去了,这些东西你写到最后,对人生的总体看法是什么?

蔡澜:乐观对自己很好,但我的乐观是天生的。我们跟整个宇宙相比,只是短短几十年,一刹那的事情,希望自己快乐一点,我在很年轻的时候就懂得这个道理,就一直往快乐这个方面去追求。最好的人生就是尽量地吃吃喝喝。

李怀宇:像《蔡澜叹日本》那些旅游节目现在还做吗?

蔡澜:旅游节目如果是重复一些旧的主题,我就不喜欢做了。我每次做节目要有一个新的角度,上一次做《蔡澜品味》就有另外一个角度了,注重衣食住行,不只是吃,还有买我喜欢的东西。那么,最近我会做一个新的节目,是关于女性的。

李怀宇:跟《今夜不设防》类似吗?

蔡澜：不同，我们这次会比较尖锐一点，例如韩国女人跟日本女人有什么不同，很深入地去探讨这些问题。

李怀宇：嘉宾呢？

蔡澜：嘉宾就是当地的美女。我想了老半天，有了新的角度，就可以做了。我会到全世界各地去做节目。

李怀宇：你对李渔的作品很有兴趣？

蔡澜：我很有兴趣。他不止写这本《肉蒲团》，还有很多作品，《闲情偶寄》很好看的：冬天到了，浇花要用温水，不能用冷水，浇冷水不是冻死了吗？这些东西我都是从他的书里学的。

李怀宇：你的作品里面有一部我很感兴趣——《夏天的鬼故事》，你对蒲松龄也是非常喜欢？

蔡澜：对，好看。我觉得书分好看和不好看，他是好看。

李怀宇：你还专门到山东蒲松龄的故居去过，现在你还写鬼故事吗？

蔡澜：兴趣到了就写，我现在写新的鬼故事，是电脑里面的鬼故事。

李怀宇：你自己用电脑吗？

蔡澜：当然用，我是一个最初就用电脑的人，三十多年前已经用了。

李怀宇：可是听说你所有的专栏都是用手写稿。

蔡澜：是，手写稿可以卖钱。大家都在卖，现在倪匡先生的一张纸五千块。我在我的店里卖得很好，赚到的钱就捐给儿童癌症基金。

李怀宇：除了李渔、蒲松龄，你还对哪些古人感兴趣？

蔡澜：明朝小品的一些作家。

李怀宇：我发现你的文章有明清小品的味道，从小就受影响吗？

蔡澜：小时候看起。李渔的幻想力很丰富，大家没有好好地把他的戏剧整理。他是一个"莎士比亚"。

李怀宇：古人走的地方没有你走的那么多。

蔡澜：但是他们吃的食材不是饲养的。

李怀宇：当代人里面，你最喜欢谁的文章？

蔡澜：金庸先生。

李怀宇：金庸先生在剑桥大学拿到博士学位的事情是怎么回事？

蔡澜：剑桥给了他一个荣誉博士，他说这个是人家给的，一定要自己读才行。那么，他自己就去念剑桥了，拿到一个真正的博士学位。

李怀宇：你怎么看他改写自己的小说？

蔡澜：改写有改写的味道，我们对他讲：只要韦小宝七个老婆不要改掉，读者都没有异议。

李怀宇：他的小说拍成影视剧非常多，你有没有看？

蔡澜：看了一些，愈拍愈接近原著了，那是好事情。我认为现在的特技这么发达，应该重拍《神雕侠侣》，神雕用特技来拍就会更好了。像《书剑恩仇录》里的那些狼群，以前拍不了的，现在用特技都可以拍了。

李怀宇：记得黄霑先生去世的时候，你写过四个字"一笑西去"，很潇洒。

蔡澜：因为黄霑先生是潇洒的人，那么，就用潇洒的字眼送他。

李怀宇：现在香港的词人中很难再有像他这样的人物了，他的诗词功底了不起。

蔡澜：诗词功底很深，记忆力好。凡是超出凡人的人，记忆力都很好，除了我，我记忆力不行，我看过的书都忘了。

李怀宇：现在内地的报纸副刊也出现许多类似你们那样的专栏文章。

蔡澜：生活节奏快了，就不能够看长篇大论的东西，喜欢看轻巧的文章。

李怀宇：成龙以前大部分的作品都是你监制的，现在你跟他的联系还多吗？

蔡澜：他回到香港常常打电话给我，他现在在北京比较多了。

李怀宇：你对他近几年新的作品看得多吗？

蔡澜：有，我看《功夫梦》《大兵小将》什么的。

李怀宇：许多成龙的影迷都反映，他这几年的作品没有像当年辉煌时代那么有意思了。

蔡澜：他也不能够永远在顶尖。当一个演员、一个导演，都有起起落落的时候,而且他已经红了几十年了。总之,就是不能一直红下去。

李怀宇:我记得你的办公室有周润发送的摄影作品,跟周润发还有这类作品合作吗?

蔡澜:他住在九龙城附近,常常去买菜,我也去买菜。那么,看到一些没有名的菜档,我就给他们写招牌,周润发就给他们拍照片,我们两个人是九龙城菜市场的好朋友。

李怀宇:你是跟冯康侯先生学的书法,现在还经常写书法吗?

蔡澜:我现在给人家写招牌,本来招牌一个字一万块。现在什么东西都在涨价了,我也跟着市场涨价了。

李怀宇:你的书法风格跟冯康侯先生的书法风格完全不一样。

蔡澜:他鼓励人家跟他不一样,而且我们没有办法跟他一样,因为他对钟鼎文、金文、甲骨文研究得很深,各家最好的风格他都集中了,我只是很片面的,所以不可能一样。

李怀宇:你当年还跟冯康侯先生学过篆刻?

蔡澜:我是先从篆刻开始学的。他当时说:"你要学篆刻,一定要先学书法。"

李怀宇:你还有一位很有意思的绘画老师——丁雄泉先生,在内地了解他的人不是很多。

蔡澜:很可惜,因为他的色彩很鲜艳,他带给看画的人很大的欢乐。

李怀宇：你的画是跟他学起的？

蔡澜：我学画，素描基础是在新加坡上课的时候学的。

李怀宇：后来你的画有一种很绚烂的色彩。

蔡澜：鲜艳的画是从他那儿学的。他们说我的东西画得跟他很像，我说：我有他百分之一就谢天谢地了。

李怀宇：丁雄泉先生是一个什么样的人？

蔡澜：他的身体强壮得不得了。因为他画画要体力，他画很大张，可以画十几二十尺，从早上画到晚上，没有这样的体魄画不了。

李怀宇：是不是有点像黄永玉先生？

蔡澜：两者不同。黄先生的功底非常之好，他可以把一棵树，树根都是交错的几层，很立体感地一层一层白描出来，功力不到的话，做不到。丁先生不讲究这些。

李怀宇：丁雄泉先生的色彩非常绚烂。是不是受西画的影响多一点？

蔡澜：其实他很中国的。我看中国古画，要是没有褪色的话，以前也有很多人画得很鲜艳。

李怀宇：你认为各方面的修养对写文章很有好处？

蔡澜：任何学问都是对写文章有用的。

李怀宇：有没有人说你不专注，爱好太广泛？

蔡澜：广泛就广泛了，专注来干什么？我就跟人家讲：我的旅行、画画这些都是我的副业，我的正业是玩！所以，我不是每样东西都做不好，我有一件事情做得很好，我就是吃喝玩乐做得很好，非常之高超！

李怀宇：这世上有些人是拼命工作，有些人是追求所谓的崇高理想，不一定每一个人都会像你这么想。

蔡澜：这个世界上每一个人都想法一样的话，就不大好玩了。

李怀宇：你从来没有写过你太太，为什么？

蔡澜：因为我常常把我的欢乐，我所有最好的东西都拿出来跟人家分享了，不能够连我老婆都拿出来跟人分享吧，对不对？

李怀宇：但你写了很多女朋友，你太太有意见吗？

蔡澜：也没有什么啦，会吠的狗不会咬人嘛。

李怀宇：你的生活方式是天性所然，还是受过什么影响？

蔡澜：做人总要一个目标，那么你就往这个目标走。我从小就很羡慕那种比较自由自在，过得好一点的生活。那么，就往这方向去努力，把自己扭扭捏捏的个性扭回来，这个做得到的。

李怀宇：这个江湖还好玩吗？

蔡澜：不好玩也不会依恋到现在。

李怀宇：你有没有退出江湖的念头？

蔡澜：死去了就退休了。

蔡澜

1941 年生于新加坡。十八岁留学日本，就读日本大学艺术学

部电影科编导系。曾任邵氏公司制片经理、嘉禾公司电影制作部副总裁。曾主持《今夜不设防》《蔡澜叹世界》《蔡澜逛菜栏》《蔡澜叹名菜》《蔡澜品味》等节目。文章结集有一百册以上。

潘耀明

自由是文化之魂

　　潘耀明先生在香港柴湾明报工业中心向海的办公室藏书多，字画多，名家手札多。一见难忘的是金庸的题字："看破，放下，自在。人我心，得失心，毁誉心，宠辱心，皆似过眼云烟，轻轻放下可也。"

　　俞平伯、沈从文、钱锺书、艾青、巴金、端木蕻良、汪曾祺等都与潘耀明结下了翰墨因缘。2011年6月22日至7月31日，香港城市大学举办"现代文人书画手札特展"，皆是潘耀明收藏的名人手迹。其中包括巴金致潘耀明的十多封信件和巴金《随想录》总序原件。

　　为了心爱的藏书，潘耀明一度成了"负资产"。1997年，香港楼价较高时，潘耀明准备从杏花村搬到大埔悠然山庄，地方较大，便于藏书。因为书太多，想到搬家就很痛苦，所以没有马上把杏花村的房子卖掉。拖了一年多，一直等到悠然山庄入伙才搬家。时值亚洲金融风暴，杏花村的房子价格一路下跌，从一千四百多万港元降到六百多万港元。

潘耀明初到香港，处境可比"负资产"苦多了。1957 年移居香港时，一家住在一幢古旧楼房里，全层楼共住七八户人家，他与母亲住在一间连一扇窗也没有的中间房，只能放一个衣柜和一张双层床。他住上床，书桌就是一块架在床沿两头的木板，只能盘腿坐在床上读写，累了也不能站起来，站起来就会碰上天花板。他一边完成小学的课程，一边到公立图书馆借阅文学著作。十八岁中学毕业后，潘耀明到《正午报》工作，从见习校对、校对、见习记者、记者、助理编辑、编辑一路做起。

曹聚仁当时正为《正午报》写专栏，他自己戏称"一天赶三场"：一个是跑马场，他喜欢赌马；一个是菜市场，他喜欢做菜；一个是舞场，他喜欢跳舞。潘耀明记得，曹聚仁的住所到处都是书，连洗手间、厨房、床底下也是书。在一次谈话中，曹聚仁勉励后辈：从年轻时开始树立自己的文学志向，确定一两个长远的研究课题，将来肯定会成为这方面的专家。这番话对潘耀明影响深远，使他致力于中国作家的访问和研究。

离开《正午报》后，潘耀明编辑过两份杂志：《风光画报》和《海洋文艺》。《风光画报》使潘耀明的足迹遍及大江南北，写下了大量游记。《海洋文艺》则为潘耀明研究中国作家提供了方便。

1979 年 10 月,《海洋文艺》结束,潘耀明进入香港三联书店。1970 年代末到 1980 年代初,潘耀明访问了许多作家,后来集成《当代大陆作家风貌》一书,被韩国圣心大学翻译成韩文,并成为大学参考书。

潘耀明通过翻译家冯亦代的介绍,认识了钱锺书。1981 年 4 月 6 日下午,潘耀明登门访问钱锺书,后来写成了不乏第一手资料的《钱锺书访问记》。潘耀明问:"您打算整理一套您的文集吗?我想,您还可以写一部回忆录。"钱锺书说:"对过去写过的东西,我并不感到兴趣。……一个作家不是一只狗,一只狗拉了屎,撒了尿后,走回头时常常要找自己留下痕迹的地点闻一闻、嗅一嗅。至少我不想那样做。有些作家对自己过去写的文章,甚至一个字、一段话,都很重视和珍惜,当然,那因为他们所写的稿字字珠玑,值得珍惜。我还有一些自知之明,去年有人叫我写《自传》,亦代是居间者,我敬谢不敏。回忆,是最靠不住的。一个人在创作时的想象往往贫薄可怜,到回忆时,他的想象力常常丰富离奇得惊人。这是心理功能和我们恶作剧,只有尽量不给它捉弄人的机会。你认为怎样?反正文学史考据家不愁没有题目和资料,咱们也没有义务巴巴地向他们送货上门。"钱锺书后来将这篇访问记节录于香港版《宋诗选注》前言。

俞平伯和钱锺书住在三里河的同一幢楼。潘耀明由篆刻家许晴野介绍去拜访俞平伯,后来跟俞家人都很熟。俞平伯给潘耀明写过很多信。1986 年底,在潘耀明的奔走下,香港三联书店和中华文化促进中心合邀俞平伯访港一周。八十多岁高龄的俞平伯在香港举行《红楼梦》专题讲座，颇为轰动。俞平伯告诉潘耀明，他对《红楼梦》后四十回高鹗的续写很有意见，如果他有精力的话，想自己续写《红楼梦》。俞平伯去世后，他的外孙韦奈告诉潘耀明，俞平伯去世前有一个未了的心愿，就是托韦奈送两百块钱给香港的潘耀明："他写作挺辛苦的。"

潘耀明在三联书店为出版《沈从文文集》（与花城出版社合作），与沈从文常有书信来往，多次面谈。潘耀明深知沈从文与丁玲之间的故事：两人年轻时是患难之交，早年沈从文听说丁玲去世，写了一部《记丁玲》的长篇，文章比较放得开，连丁玲以前的情人都写出来了。许多年以后，丁玲才无意中得知沈从文有这部书，从此心存芥蒂。而沈从文与萧乾之间的过节，则由萧乾写成文章，嘱夫人文洁若待他逝世后请潘耀明刊发出来。按照萧乾的说法：当时沈从文主动跟萧乾疏远，因为萧乾是右派，但沈从文还不是。萧乾很热心，知道沈从文居住条件不好，帮助沈从文去反映。有一次萧乾碰到沈从文，沈从文告诉他：你是右派分子，我跟你不一样，你不要去给我添麻烦。潘耀明说："我跟沈先生来往，他是温文尔雅，很有学问。但是，中国文化人都不免受政治生活的影响，即使是生性恬泊的沈从文也不例外。"

1983年秋天，潘耀明应邀参加美国爱荷华国际写作计划。那一届有意思，台湾请了陈映真、七等生，大陆请了吴祖光、茹志鹃和王安忆，大家相处很融洽。那时王安忆是作为茹志鹃的女儿去的,"现在说茹志鹃,人家是不大知道的,要说是王安忆的母亲。可是,那时候刚刚相反"。潘耀明在那儿待了三个月,大受触动。——他的人生不是那么顺利,只念了中学毕业就出来做事,后来念过函授课程。——那时候他想回到大学进修,便留下来在爱荷华大学念英语,考了托福,后来由聂华苓推荐到纽约大学攻读出版杂志学,第一年是试读生,1985 年拿到硕士学位后回到香港,后担任香港三联书店的副总编辑兼董事。

1991 年,《明报》总编辑董桥突然给潘耀明打电话:"查先生要见你。"潘耀明在《明报》有一个专栏,但跟金庸不太熟,只是在公开场合见过面。到了金庸的办公室,金庸请潘耀明稍坐一会儿,便在写字台上写东西。原来金庸手写了一份聘书,亲自递到潘耀明面前,请他负责《明报月刊》,而且给了潘耀明在出版界少有的高待遇。潘耀明十分感动,还没有提前三个月向香港三联书店辞职,就答应了金庸。金庸手写的那份聘书,潘耀明专门拓了影印本,保存至今。

《明报月刊》作为香港最有影响的文化学术杂志,由潘耀明主持十多年,一直保持水准,而且广告量时有上升,殊为不易。2011年,潘耀明又担任《国学新视野》的特邀主编,期望以新视角、新手法,为当下的国学研究开一新生面。

潘耀明以"彦火"为笔名写得一手好散文。他也是香港文化界的重要桥梁,任香港作家联会会长和世界旅游文学联会会长。

李怀宇：当年在纽约大学攻读出版杂志学，对你现在编杂志很有影响？

潘耀明：我觉得很有影响，当时学的是很简单的理论，但是要实行不容易。杂志的风格就等于人的性格，你有你的性格，我有我的性格，要将杂志办成个性化。杂志一创刊，肯定要有名家的稿子，才能将品牌打出来，到一定时候，就不一定要用名家了，要自己培养名家。以前是"你有我有"，后来就是"我有你没有"。比如，李天命从来不给其他杂志稿子，就给《明报月刊》发表，所以"我有你没有"，才能突出风格，人家才对这份杂志感兴趣。如果我在这份杂志可以看到一个作者的文章，在另外的杂志也能看到同一个作者的文章，我是否要买这份杂志呢？所以，杂志的个性化是很重要的。这份杂志的读者是哪一类人，是属于中产、单身贵族还是一般打工者？你要将它人性化。《明报月刊》这份杂志本身是一个名牌。金庸比喻为"名牌西装"。这份杂志反而不一定要去培养名家，名家都会在这里登文章，是一个身份的象征，但是有些名家是只在这里登文章的，其他杂志看不到，这便是杂志要建立自己的作家队伍。现在学报多了，以前没有《二十一世纪》，学者把在《明报月刊》上发表文章当作一种地位。《信报》曾有一篇文章讲得很形象：香港的中产阶级订《明报周刊》，也订《明报月刊》，《明报周刊》放在茶几下面，《明报月刊》放在茶几上面，表明他有文化素养。但是老实讲，如果看杂志，当然是《明报周刊》好看了,因为上面有娱乐新闻,老少咸宜。如果你到哈佛大学燕京图书馆去看看,那里有两千多本中文杂志,会发现《明报月刊》放在最上面的位置。

李怀宇:1991 年你担任《明报月刊》总编辑时,杂志的状况如何?金庸有没有跟你谈起办刊的理念?

潘耀明:《明报月刊》实际上销路一直不错,发行将近两万册,在香港,这种销量还是不错的。但是当时没有什么竞争对象,是1960 年代香港唯一的文化杂志,李怡的《七十年代》还没有出来。后来《明报月刊》有一个低潮,销路大概剩下不到一万份。我在美国纽约大学念的是出版管理和杂志学,大概金庸也调查过我,所以他请我过来当《明报月刊》的总编辑和总经理,就想在编辑与市场之间取得一个平衡。过去胡菊人、董桥只当《明报月刊》的总编辑,都没有兼任总经理一职。实际上,金庸讲话不多,后来我问他:为什么要办《明报月刊》? 因为当时《明报月刊》亏本,作为文化杂志,没有广告,稿费也很低。他说:《明报月刊》等于给明报集团穿了一个名牌西装。办《明报》是为了赚钱,但是《明报月刊》是文化杂志,提升了明报集团的文化地位。金庸有一套理念,比如《明报》从来都不是全香港销路最大的,过去是第三,到现在还是第三;《明报》的读者是受过高等教育的专业人士,是优质读者,广告效力相对大。1966 年,金庸创办《明报月刊》,是因为当时刚刚"文化大革命"爆发,他觉得传统文化要被彻底摧毁了,所以有必要办一份文化月刊,保存文化薪火。当时《明报月刊》登了很多内地被批判的文化人的文章。

李怀宇：我到台北，看到台湾文化杂志的现状，就向《思想》杂志的总编辑钱永祥感慨：香港还有《明报月刊》，非常不容易。

潘耀明：因为现在明报集团是上市公司，就有压力，股东就要看杂志有没有赚钱，倒不是看杂志有什么好文章。以前金庸不一样。金庸的《明报》很赚钱，金庸的主要财富来自《明报》，不是来自写武侠小说。以前，金庸的武侠小说在大陆都是盗版的，他拿不到多少版税，估计他每年在台湾和香港拿到的版税有一千万左右，我看到现在为止，他在大陆也没有拿到一千万的版税。他退休之前，《明报》每年纯利两亿多。金庸是把《明报月刊》当作一个品牌。

李怀宇：现在华文世界的学术文化刊物的发展前景如何？

潘耀明：发展前景并不乐观。大学生现在都喜欢比较通俗的刊物，带有消遣性。有一次，我跟金耀基校长聊天，他讲：香港学者的压力蛮大、节奏很快，空余时间都不愿意看太严肃的东西，喜欢看流行的资讯。英国《太阳报》《世界新闻报》《卫报》那些小报跟踪名人的手法搬到香港来，有很多八卦新闻。每个记者跟踪一个名人，就在大门口跟踪名人，名人到哪里，记者跟到哪里。我接手《明报月刊》时，只有一个封底广告是手表的广告，但是稿费非常低，我1991年接手的稿费是一千字一百块，因为后来海内外的杂志多了，当然很多名家不一定在这边登了。后来我跟金庸讲：我们不如还是登广告，将稿费提升一下。现在稿费大概一千字三百块。学术文化刊物现在的地盘越来越小了。我觉得文化杂志的生存空间很小，特别是由商业机构来办文化杂志。老实讲，我现在压力很大，跟过去不一样，以前金庸觉得花点钱办这样的杂志很值得。

李怀宇：美国的学术文化杂志有没有出现这样的现象？

潘耀明：美国现在的杂志也很难办了。美国最有名的文化杂志是《纽约客》，真是实至名归，但是现在《纽约客》销路不太行了。我们以前在纽约也要做调查，当时《纽约客》销六十万份，也是名牌，很多名家在那里写稿。但是《纽约客》有一个做法，我很认同，就是将文化的杂志包装得生动活泼，一点也不沉闷，有很多文章有漫画插图。如果从文化国度来讲，法国就比美国好，法国现在的电视台还有文化节目，美国没有。我有一个朋友，在巴黎开一个大书店，他不晓得金庸的书在法国是否销得了，就向法国教育部申请一笔钱来翻译金庸的武侠小说。法国政府可以允许人家去申请一笔基金，给的是法国以外的作家，这种风度是没有其他政府能做得到的。这位朋友通过申请到的翻译金来翻译《射雕英雄传》，当然金庸对他很好，就象征性地给他一块钱版权费。结果，这本书后来得奖了。现在有一位叫王建育的翻译家已将金庸的《鹿鼎记》完整地翻译成法文了。

李怀宇：你有没有跟大陆的文化人探讨过文化杂志的发展问题？

潘耀明：大陆好像也遇到同样的问题，但是大陆市场还是蛮大的，我不知道《读书》杂志是亏本还是赚钱，起码《读书》杂志可以生存。《书城》等杂志的生存空间比香港好多了。在香港，办文化杂志亏本的很多。学报有大学支持，《二十一世纪》有香港中文大学中国文化研究所支持，没有问题，中国文化研究所有基金支持。郑培凯在香港城市大学中国文化中心办《九州学林》，也是基金支持。

李怀宇：从 2011 年起，你主编的《国学新视野》是怎么回事？

潘耀明：金庸卖了《明报》以后，想自己搞杂志，我离开了《明报》一段时间就是跟金庸走的。1995 年，金庸办明河社。金庸想写历史小说，要我跟他策划《历史与文化》杂志，他写的历史小说就在这份杂志创刊号开始连载。所以，我就带我的秘书过去，他当时还说要给我一笔钱帮他筹划出版社，也想搞杂志。他跟我签了五年合同，另外给我一个特别大的办公室。后来他动了一个心脏大手术，那个手术不大顺利，结果他在医院住了半年。他因为身体不太好，后来就写不出历史小说。那时，我很尴尬，日常工作是帮他整理东西。后来张晓卿买了《明报》，要我过来主持明报出版社，后来主编《明报月刊》，一直做到现在。关于《国学新视野》这份杂志，两年前有一位投资商大概知道我一直在搞杂志，就让我来策划，我说："我对国学真的是外行。"起初不答应，投资商表示我不需要亲手编辑，后来我勉强答应了。我找了很多名家像袁行霈、汤一介、马悦然，他们都很给面子，什么稿子都来了。后来投资商出了事情，拖了两年。中华能源基金会愿意出资金，反正第一期是过去组的稿,我就不用重新再组,便出了《国学新视野》季刊,反应还不错。

李怀宇:你现在是香港作家联会会长,这个文学团体主要有什么活动?

潘耀明:香港作家联会是一个民间团体,有三百多个会员。我们比较严谨,每一个会员要有两本专著,由两个会员介绍才可以入会。我们有定期的讲座,比如一些作家来香港,就举办讲座或组织文学论坛,搞定期的文化沙龙,大概是两个月一次。我们有《香港作家》和《文综》杂志,也是很棒的。

李怀宇:在香港,作家能靠写作养活自己吗?

潘耀明:作家现在不能养活自己,曾经养活过自己的作家有倪匡,金庸基本上不是靠小说养活的,靠办报。现在,张小娴也不算是全部靠写小说赚钱,她办了一份杂志。香港的稿费太低,市场太小。还有一个怪现象,香港的版税是全世界最高的,香港市场很小,作者也少,畅销作家的版税一般都是15%,外国也没有15%。我知道名作家一般都是5%起步的,但是市场大,印量高,所以绝对版税收入高。香港作者就那么几个,抢来抢去,所以版税是全世界最高的。在香港这种地方,你不过问政治可以,不过问市场怎么生活呢!除非你去打工,香港的作家基本上都是业余的,金庸也是业余的,现在没有专业作家了。

李怀宇:有些大陆作家可以养活自己,当然不少人是以作

协当依靠。

潘耀明：大陆作家生活不错，不过现在比较艰难了。现在大陆的作家协会很有钱，我们这个民间的香港作家联会是义务的，只有一个秘书有薪水，每次搞大活动都要筹款。我现在推广旅游文学，整合了所有华文传媒和文学团体。我发现华文文学因市场因素不断地萎缩了，因为文学跟商业社会还是比较遥远，但是旅游是生活的组成部分，每个人都要旅游，所以旅游文学跟生活比较接近。我觉得通过旅游文学可以推动华文文学的发展，要不然就很难有所谓文化传承，特别在国外，到年轻一代，根本就没有多少人会写华文，所以，我就想通过旅游文学来打开这个局面。我现在还在筹备资金，希望每两年搞一次全球旅游文学征文奖和一次世界旅游文学研讨会。文学在香港是艰难的，没有经费就不行，从港英政府到香港特区政府对文学一直支持不大。

李怀宇：为什么会这样呢？

潘耀明：因为政府觉得原创文学影响不大，宁愿支持表演艺术。歌唱、话剧、舞蹈、交响乐等表演艺术花很多钱，搞大型的演唱会花巨款请外国歌星来表演，但是他们对原创性的文学漠不关心。有一次我就公开批评他们，提到北京有现代文学馆，香港那么有钱也是可以搞的。他们就说："香港没有什么作家。"我说："香港的作家还是蛮多的，张爱玲六百封书信都没有地方展览，金庸也有很多资料。"从 1940 年代起，有多少作家在香港从事创作,如萧乾、许地山、端木蕻良、戴望舒、张爱玲。从港英政府到香港特区政府,负责文教的官员对文学都不懂。所以,香港的文学一直是弱势文学,很艰难。

李怀宇:不讲纯文学与通俗文学之分,香港是产生了很多在华文世界有影响的作家的。

潘耀明:销量最大的是金庸。以前出现的大师级人物,大学者从钱穆到饶宗颐,一直数下来,有很多人。流行文学和严肃文学这种区分不一定是准确的,中国四大小说以前是通俗文学,现在变成经典文学了。香港算是创作比较自由的地方。台湾不行,这算是香港可以产生文学的原因,但是香港作家也是艰苦的,因为没有人关怀,政府从来不过问,也不支持。比如,你去申请文学基金,艺术发展局只会批一本书的经费的三分之一,其他的经费你要自己去想办法,那是很累的。

李怀宇:欧美的文学创作,基金会支持的情况如何?

潘耀明:美国有些基金会,像爱荷华写作计划,全部是基金会支持的。很多基金会,像洛克菲勒基金会,是愿意支持文学活动的。香港也有很多基金会,香港的财团实际上实力很强,但是基本上不支持原创性的文学活动。他们宁愿支持表演艺术,我曾经申请过香港的一个基金,他们的条件说是可以影响一万人以上,如果搞文学活动,怎么可以搞到一万人参与?要有一万人以上,那就得搞体育活动、搞表演艺术,所以香港代表文化艺术界的团体是搞体育的,很滑稽。他们觉得文学从商品价值来讲，没有什么效应，影响太小，有多少人看书呢？所以，香港基金会那么多，那么有钱，就是不大支持文学事业。

在欧洲，法国有文化底蕴，现在法国人对纯文学还是喜欢看的。以前我每年都去参加法兰克福国际书展，一个德国有名的出版商特别请我到他家里吃晚饭，冬天开壁炉，我就在他们家过了一个晚上，他们一家人在壁炉旁看书。我就很奇怪："你们是不是都是这样？"他说："基本上每天吃完饭，我们都围着壁炉看书的。"我说："这个普不普遍？"他说："基本上中产阶级是这样的，有这个习惯。"当看到一段精彩的内容，他会朗诵出来的，这种情景我好像是在电影里看到的，你说在华人社会能看到吗？我印象非常深，因为是在现实社会看到，我觉得像是 19 世纪的事情了。欧洲人的文化素养还是比较高的，文化气氛还是比较浓的。

李怀宇：香港这种经济高度发展的社会，文化还没有深入人心？

潘耀明：现在香港受到网络冲击，平面文字生存的空间不大，现在用手机都可以看到很多作品，已经完全是网络时代了。所以，我有点怀疑，我们现在的读者都会老化，年轻人不需要从杂志得到信息的。平面传媒已经慢慢电子化了，这也是一个时代的变化。十年前，李欧梵在《明报月刊》写过一篇文章预告：文化杂志很快就死亡了。结果，十年后《明报月刊》还没有停刊。我想，这个变化要有一个过程。

李怀宇：大陆经济正在高速发展，以后内地文学会不会出现

类似香港的情况？

潘耀明：我看也会，中国大陆实际上也是发展不平衡，沿海与内陆的发展不平衡，沿海有些城市已经比较超前了，比香港还超前。我不晓得内地的小说是不是还很好销？内地这样很不平衡地发展，文学应该比香港寿命长一点，但是现在已经开始受网络冲击了，将来也是写作网络化，那是另外的形式，表现形式不一样。但是文学不会死亡，还是会存在。

李怀宇：关于"文学已死"的口号，我访问过在纽约的王鼎钧先生。王先生说：文学作品难销，市场喧嚷文学已死，作家心头有阴影。汉赋唐诗何尝死？早期白话文学运动称它们为死文学，事实证明是"革命文宣"。文学不死，只是某种体裁风格退出"主流"。

潘耀明：文学是不会死亡的，我们打个比方，流行音乐出来了，古典音乐还是有一定生存空间，不是在普罗大众当中，而是在特定的一个层次的受众当中，那个层次的人是不多的，却是优质的，还是有空间的。比如，中产阶层越来越多，有了欣赏的能力，不可能完全掏空，变成机器人。以前是"情世界"在主导，广义的灵魂文化在主导，现在是"器世界"在主导。"情世界"的空间会越来越小，但是我觉得不会死，因为文化是属于人的精神层面的东西，一个人如果没有灵魂，人生就没有什么价值。所以，我觉得文学不会死亡，但是平面出版是不是会死亡，我就不知道了。最近我在香港城市大学展出很多作家的书信、手迹，这些东西现在基本没有了，现在全部电脑化了。平面媒体是不是死亡，就很难讲了，但文学、文化不会死，可能会存在于另外一种形式。可能很小众，当作一种收藏，好像善本书，还是有人爱好，但已经是另外一种功用，是收藏而不是阅读了。这有点悲观。

潘耀明

　　笔名彦火、艾火等。福建省南安县人。1984年至1985年，攻读美国纽约大学出版课程，包括出版管理和杂志学。现任《明报月刊》总编辑兼总经理。香港作家联会会长、世界华文旅游文学联会会长。《国学新视野》特邀主编。著有《当代大陆作家风貌》《那一程山水》《潘耀明说中国文化名人》《鱼化石的印记》《异乡人的星空》等二十多种作品。

莫言

每个作家都有局限性

2004年6月中，莫言有广州之行。我意外得到消息时，也得到了莫言的手机号码，随即打过去，莫言爽快地说："我现在就在南方书城，你可以马上过来聊天。"约半小时后，我见到莫言。南方书城办了一个读者见面会，场面并不热闹，记者更是寥寥。活动结束后，我们就坐在南方书城靠窗的一角聊天，刚谈了几句，我就发现，他虽笔名为"莫言"，实则出口成章，真不愧是"千言万语，何若莫言"。

近一个下午的时间，只要稍微提起话头，莫言便能说出一番让人舒服的话。提到学者气与文人气的问题，莫言说："我没有学问，所以没有学者气，我始终没有把写小说当成什么了不起的事情。我是一个农民，现在依然把自己跟农民认同，所以就没有文人气了。所以，我还是认为人应该有一种清醒的自我意识，不仅仅在意识上把自己当作是老百姓的一分子，而且从所有的方面感觉到其实我就是老百姓的一分子。一旦想到我是一个作家，我是一个知识分子，我要为人民说话，我要替民族分忧，这一下子把自己架空了，自己把自己摆在一个并不恰当的位置，比较难以让人接受，令人厌恶。"

当天晚上，南方书城宴设客村的一家潮州酒楼，我也受邀敬陪末座。记忆所及，偌大一个包间，同席只有四五人。莫言对潮州菜充满好奇，恰巧我是潮汕人，每上一道菜，莫言便问起菜品特点。"秋刀鱼饭"是一道平常的潮州菜，莫言尝后，连说："秋刀鱼之味，秋刀鱼之味。"莫言少时家贫，总吃不饱，食量又奇大。"越饿越馋，越馋越饿，最后分不清了是饿还是馋。"他甚至吃过煤，而且觉得特别好吃，这让我大吃一惊。后来莫言把吃煤的故事写进了长篇小说《蛙》的第一章开头。

一席谈中，莫言十分随和。问起记者生涯的趣事，他很认真地说："我也是《检察日报》的记者，有正规的记者证。记者所见所闻的故事，往往可以成为小说的素材。"我便笑道："金庸也是记者。"谈到当下一些离奇古怪之事，莫言的谈锋偶露峥嵘，但保有分寸，批评时事也显得相当谨慎。后来观其在公共事务上的行止与写作上的风格，"在日常生活中，我可以是孙子，是懦夫，是可怜虫，但在写小说时，我是贼胆包天、色胆包天、狗胆包天"。也许是肺腑之言。

2010 年 1 月，莫言再到广州。南方书城早已关闭，莫言的记者会设在对面的广州购书中心，我受邀参加。稠人广坐，无缘深谈，而获赠莫言签名的新著《蛙》。

李怀宇：大江健三郎曾公开表示对你惺惺相惜，认为你很有希望获得诺贝尔文学奖。你如何看待作家与文学奖的关系？

莫言：从学养、阅历和成就方面，我无论如何没办法和大江健三郎相比。我们有私人的交往，有些友谊，他对亚洲文学有殷切的希望，他希望有一种亚洲文学出现，还有对中国非常深厚的感情，对我也有对晚辈的扶持的意思。关于文学的奖项，对写作者来说是一个副产品。一个人在写作，肯定不可以为奖项来写作，只能说是我写出的作品被这个奖项所青睐、所看中，有时候考虑得奖，反而得不了，对待奖项还是这种态度比较好，是写作出现后的偶然现象。当然，得奖对作家有一定的好处，可以提高作家的知名度，在那一瞬间满足作家的虚荣心、自信心，也可以给作家带来一些奖金。我觉得文学奖尤其是给作家一个警惕：这个奖项在某种意义上就是终身成就大奖，几乎对这个作家宣布创作的终结，对我产生巨大的警觉。尽管我得到奖项，我应该立刻把它忘掉，重新开始。我记得在一份报纸看到一个可爱的年轻作家说：莫言已经得了某个奖项，他可以休息了。我觉得过去的莫言可以休息了，得奖的莫言还要更加奋斗，不应该让奖项变成阻挡自己前进的包袱。

李怀宇：有人认为你的小说有魔幻现实主义的色彩，让人联想到马尔克斯的风格。你的作品不停地对传统写法进行挑战，也借鉴了不少西方的技法？

莫言：西方技法对我是一种刺激，激活我的记忆力，增长我的信心：你胆大，我比你还胆大。我对西方小说看得不多，一个作家看另一个作家的作品，从技巧上来说，确实也是有一种窥一斑而知全貌的现象。就好像《百年孤独》，我至今没有完全看完，但是我很清楚马尔克斯的语感，虽然是翻译家翻译过来的，但相信还是转达了原文的风韵。马尔克斯为我们树立了一个标杆，也设置了一个陷阱，标杆就是他已经达到了这种高度，陷阱就是你往他靠近，你就会掉下去淹没，可能就有灭顶之灾。只有一个作家在个性化的道路上探索了很长的时间，取得一种高度的自信，自以为像一个武林高手练成了什么神功，可以跟这种功力对抗的时候，才可以面对面地写作。我下一步就是想跟马尔克斯面对面地写一篇试一下，看是打个平手还是一败涂地。

李怀宇：你的作品与张艺谋的电影"联姻"后，在银幕上展现的却是另一种气象。张艺谋后来的电影似乎越来越向商业化妥协，而你的写作依然保持自己的锐气，你认为这是作家与电影工作者的不同吗？

莫言：我曾经和张艺谋探讨过这个问题。有一年和大江健三郎，把张艺谋也拉过来座谈，谈到他对小说改编得很不好，是为了向更高的目标攀升的有意识的倒退。张艺谋说："我们电影导演和你们最大的区别在于，你觉得不好可以撕掉，可以重写，把过去的劳动推翻了，但是，我们在导演的时候，电影一开机，明知道不好也要打肿脸充胖子，不能拍了一半说：不好就不拍了，有时候导演涉及很多经济利益的问题，它是一个群体的关系，而不是个人的。"我想张艺谋向商业化的妥协，他的某些看起来缺乏锐气的精神是由客观原因造成的。一个作家不跟媒体妥协是他个人的事，我想我是一个比较随和的人，我的一个不可动摇的基本原则就是：我在写小说当中，谁也不可以改变我，我绝不会考虑什么影视问题，你愿意改就改，不愿意就算，不会为你改编方便，我就有意识地减少、降低小说的难度，有意识地给你提供方便，给你改编的情节设置一些戏剧化、脸谱化的人物。我不会降低小说的难度，也不会改变小说的原则。小说出来后，为配合出版社的营销活动，还是能够参加的参加，包括接受媒体的采访，在大学开讲座，安慰我的一个理由是：学生还是愿意见到我的。有时候这也是一种妥协，当自己的小说变成商品推向社会，可以和媒体妥协，但写作的过程中涉及根本原则的时候是不可以妥协的。

李怀宇：故乡山东高密是你写作的源泉。有人说，莫言的作品以写农村题材居多，没有学者气、文人气，因此至今还是一个"乡土作家"，无法进入更高的层面。这话你是怎么看的？

莫言：关于故乡的这个概念，包含非常丰富的内容。对一个离开了故乡二十多年的作家，故乡是我的精神归宿和依存，对故乡的想象不断完善扩充，不断回忆往事，对故乡的回忆也是想象、创造故乡的过程。

任何一个作家的童年记忆对他的创造都始终产生举足轻重的作用。人是在不断比较，碰到新的事物时，总要拿些自己经历的旧事物比较，比较很可能调动童年时期对某种事物的看法。至于人跟自然的关系、善恶的道德观念，实际上在二十岁之前就已经形成，后来肯定有调整，但这种调整更多的是在理性的层面上，在感情上是很难拔掉的。

"乡土作家"于我而言也不是贬义词，就像贾平凹说"我是农民"一样，说我依然在乡土的层面上写作也不是一件坏事。所谓的乡土不是狭隘的乡村，每一个作家的乡土是他所寄身于其中的地方。对王安忆来说，乡土是上海，贾平凹的乡土是商州，实际上每个作家都是"乡土作家"。其实每个作家都有局限性的，一个作家不可能包罗万象，每样事情都写得很地道，那是受个人的经历局限的，但这种东西可以通过技术性的手段来修正一部分。实际上，别人对我的评价是有很多意象化的，我的《酒国》《十三步》是写城市的，其实我写城市、乡村各占一半，为什么所有的人都认为我只能写农村呢？

沈从文、茅盾无不是以故乡为依存的。这些地区的小文人、小知识分子，突然进入城市，像沈从文刚到北京的时候也是极其凄惨的，刚开始的题材也不都是写湘西，有可能是时髦的题材，但是他感到这些对他不利，在艰苦的情况下要在北京生存，要走出来跻身于文明人的行列,拿什么做敲门砖? 只有回到故乡,从记忆里挖掘宝藏,带有鲜明的地域色彩和人生的感知,是非常原创的东西,一出来大家非常惊愕,与其他的作品完全不同,所以他就成功了。然后沿着这条路写一批湘西的东西,其实我觉得他的创作生涯是很短暂的,假如他一直写湘西是不行的,他要发生改变的,他有些作品如《八骏图》等根本无法跟《边城》等相比,没有多少真情实感在里面。他写湘西是一种炫耀:我就是让你们知道一下老子这个地方是这样的,你们这些北京人、上海人不要跟我牛皮,没什么好牛皮的,你们神气什么呀,老子十五岁就杀人去了。我刚开始的时候也有炫耀心理,一种任性、不服气:你们有什么了不起的,你们的东西我认为不好,我把我家乡的抖给你们看,你们所谓的英雄才子佳人,我们都有,而且比你们的精彩,跟你们的不一样。

李怀宇:你如何看待作家风格的定型化?

莫言:我是特别怕成熟和拒绝成熟,一旦成熟就很难改变,刻意变化是要冒风险的。我可以四平八稳的,不让读者失望,和前一部作品故事情节完全不同,但是其他方面没有多大的区别,是平面推进的作品,这种风险是很小的。但是如果要探索、要创新,就很有可能失败,是要对既有的审美标准的破坏,很有可能伤很多人的心。那么,许多作家,包括有经验的读者心里其实都有一种好小说的配方,都知道以什么方式来描写或者推进,如果按照这种方式配置,还不是原创,你想打破这种方式的话,风险很大的。我的创作也出现这种现象，我的《红高粱》后，我完全可以沿着这个路线写第二部、第三部，写了父亲再写我，本来我也是这样想好的，但是我觉得这样就没有什么意思了，没有再推进的必要了。下一部就要跟以前所有的这些区别开来，没有人说我一定在马尔克斯的写作道路上走了，通过《檀香刑》的写作，我们断绝了关系，离开他很远，下一部可能跟马尔克斯在一个房间里面对面的写作，这很有可能是一场巨大的冒险。

李怀宇： 在不断的写作冒险中，你怎么给自己定位？

莫言：我有一个基本原则，对自己的定位是发自内心的，不是要来哗众取宠。我个人认为写作这个职业是没有什么特别了不起的，你本来就是一个老百姓，写作也是一个老百姓正常的活动，并不是居高临下、振臂一挥为老百姓争公道、争正义，要变成人民的代言人。其实还是要写你内心的话、自己的感受，如果你写内心的感受恰好和许多人的个人内心感受是合拍的，那就自然有代表性，获得普遍性。总而言之，我认为个人的定位是来不得半点虚伪的，真话假话在一个人的日常生活中是表露无遗的。有人尽管说是人民作家，但是如果没有住四五星级的酒店就马上骂接待方，那不是把所谓的定位给粉碎了吗？

李怀宇： 你认为一个作家在成名以后，写作的不可预期性会不会让人更为期待？

莫言：年轻作家的写作让大家充满期待是有可能的，但对于一个像我一样写了二十多年的作家，我感觉到的是一种压力。我的下一部作品无论如何一定要精雕细琢,一定要写得自己感觉有创意才能拿出来。其实压力也是一件好事,防止我粗制滥造,量的积累已没有什么意义,重要的是质的突破。

李怀宇：在写作中追求质的突破,你如何保持朝气蓬勃?

莫言：如果我没有努力使自己年轻的想法,可能会老得更快,变成一个真正的老人。我想,作品保持青春气息与一个作家保持青春不是一回事,当然,有什么理由和措施让我的作品保持青春气息? 那不是写小孩的事,写年轻人恋爱和年轻人的活动。关键是小说的原创性上能不能保持当年的那种朝气蓬勃,不单跟别人不一样,也跟自己过去的不一样。如果我能够做到这一点,文学的生命依然青春,依然少年;如果做不到这一点,哪怕三十岁的时候不断重复,那这个作家的文学生命已经衰老掉,已经可以休止了。我之所以敢这么说,是因为起码我还有可以写几部小说的材料,而故事是没有被前人利用过的,也想好了一些和过去不一样的写法,下一两部的作品,会有新鲜感。我觉得应该向今天的年轻作家学习,这不是口头上的,而是内心深处。认真地读他们的书,从他们的小说里面感受到一种新时代的语言方面的新气象,从中也可以了解到年轻人的感触,这些东西可以使一部小说有一种青春参照。我固然感觉到我要写的这个东西是有原创意义,有可能引起大家关注的,如果对年轻作家的作品和他们的内心有非常准确的了解,这个关照会使我的小说更具有新意,甚至会改变我的某些写法。

李怀宇：现在涌现了一批写法新潮的少年作家，你是如何看这种现象的？

莫言：我看过少年作家的作品，我当然知道他们的软肋在什么地方，但我也确实感觉到他们有许多我难以企及的地方，我觉得最重要的一点是这批孩子的想象所依赖的素材不一样。我们的想象是建立在实物的基础上，比如我要借助高粱、玉米、马牛羊等可以触摸的物质性的东西，这帮孩子已经是什么动画片、西方电影、电脑游戏，把别人的思想产物作为自己的思维材料，半虚拟的幻想的世界。现在也应该改变对写作这个行当的认识，过去对写作的认识就好像你一旦走上写作之路就命定要写下去，不然人家就说你江郎才尽。但是这帮孩子是带有游戏性，完全出于一种爱好，写一篇小说玩玩，写完了，证明了，不写了，可能去搞其他的了，他一开始就没有强烈的事业感，没有把写作当事业，没有太大的压力。现在看有很多人担忧：这些孩子写完一部，下一部怎样呢？他们生活匮乏了，经验没有积累。我觉得这种想法是不对的。一个年轻作家的第一部是游戏之作，第二部是游戏之作，第三部就有可能不游戏了，所以写作的过程本身也是一个成长的过程。心态随阅历丰富，年龄增长，个人命运变化，他的创作本身就会有变化。这可能就是我们这些老一点的作家跟他们的区别。我现在还暂时放不下这个担子，因为小说艺术本身还有巨大的吸引力，吸引我继续向前走，我还能写出两篇你来评判胜负的作品。

大众化的写作已经成为一种可能性，网络的出现使文学的门槛降低了,鼓励更多的人写作,通过写作来提高素养,是有积极意义的。我在深圳看到一部车后写着:写天下文章,做少年君子。对孩子来说,写作还是很好,能发表更好,不发表没所谓,就当是一种素质教育。那些年轻作家没有把文学想得那么庄严是一件好事。一旦一个人把文学想象得超越了文学本身那么伟大,那多半写不出好作品。如果所有的中国作家都咬牙切齿地说:我要写一部伟大的作品。这是一场社会性的灾难。最可怕的是当一个作家写了一部平庸的作品,就以为自己写了一部经典作品。所以,有时候经典作品是在不经意的情况下成了经典。

莫言

1955 年生于山东高密。著有《红高粱家族》《檀香刑》《丰乳肥臀》《生死疲劳》《蛙》等。2012 年获得诺贝尔文学奖。

贾平凹

——

艺术的最高境界是相通的

　　贾平凹的工作室是一个复式的房子，摆放着数不清的佛像和石雕，一楼会客和写书，二楼画画和写字。进门是贾平凹的大字"文门"，客厅上挂"文观"。转入书房，第一眼是门神像，题字"我家主人在写书，勿扰"。登上二楼，不免格外留心木板楼梯两旁摆放的诸多小石像，写字台上笔墨纸砚俱全，书架上挂贾平凹的书法，其中一则为："神在决定与安排着一切，听受命。"

　　烟不离手的贾平凹说着一口乡音，静下心来也只能听懂大半。初次见面，贾平凹就说自己不善言辞，在人多的地方更是寡言。一席谈之后，我不禁联想起以前采访过的莫言，两相比较，莫言可谓是口若悬河。许多年前的一个夏天，莫言要路经西安去新疆，突然给贾平凹发了电报，让贾去西安火车站接他。那时贾平凹还未见过莫言,就在一个纸牌上写了"莫言"二字在车站转来转去等他。一个上午贾平凹没有说一句话,好多人直瞅着他也不说话。那日莫言因故未能到西安,直到快下午了,贾平凹迫不得已问一个人那次列车到站了没有,那人先把贾手中的纸牌翻个过儿,说:"现在我可以对你说话了,我不知道。"贾平凹才猛然醒悟到纸牌上写着"莫言"二字。贾平凹感慨:"这两个字真好,可惜让别人用了笔名。"这两个文风与做派大异的作家用自己的方式对世界说话,都写小说,都会写字,都得大名,也都引来众声喧哗。

每天上午,贾平凹多在写书,下午则是会客和卖字画的时间。2012 年 11 月 3 日下午的采访中,前后来了三批买书法的人,贾平凹在谈笑间挥毫自如,这半天所得也许不少于一个普通作家一年的收入。

贾平凹并不讳言自己书画的收入丰厚。"一般作家很清苦,一本书写上几年,啥也不干,值不上几个钱,还不如画家。像我写长篇,稿费算是高的,就是啥也不干,三年写一部长篇,挣几十万块钱。这算好的,大部分作家是写了还赔钱。但是像绘画,一般一幅画几十万还不属于那种大画家,大画家的几百万。"然而,贾平凹对书画市场自有看法:"经济发展以后,书画必然带来一个繁荣,但是这种繁荣也是在这个国情下产生的,好的年代人家才收藏,在战乱年代都没人收藏的。当外国经济好的时候,大家都把收藏绘画作为一种有艺术品位的象征,大家都来购买这些乱七八糟的东西,属于奢侈品。中国经济繁荣以后,也有这种艺术提高人的品味，但是更多的情况是送礼，都不是个人掏钱来买画，挂在房子自己欣赏，都是作为一种礼品。社会大变，太起伏，必然有很多社会弊病。如果是行贿、受贿，要买通关系、打通好多关节，又不能说送钱，也许只能是送一些奢侈品，大概这里面有一个很大的升值空间。字画就突然给发展起来了，为什么有那么多的画家，大家都在忙，也与这个背景有关系。当经济上去了，大家生活水平都提高了，个人在买、个人在欣赏，那才是真正的繁荣。目前很大一部分都是送礼，如果经济一下来，几年后画家就不行了，这是明显能看出来的。有时候严格来讲，字画也是泡沫，是作为礼品来取得繁荣的，而礼品的背后是这个社会不公平，很多潜规则在各个行业里，在这种情况下，拉动了字画一时的繁荣。所以，对字画繁荣不应该沾沾自喜，每个人真正在收藏，自己满足自己的精神需求时，才是真正繁荣、富裕的社会，而且是人的素质提高的一个标志。我觉得现在还不是这种情况。"

　　如此世风之下，我在西安听过各种对贾平凹的评说，话题的焦点竟都集中在书画上，一时让人忘了他是一个小说家。而我们的谈话中，贾平凹对文学只是轻轻带过。"我无意做书画家。因为我觉得有时功利心太强，反倒做不好。完全按心性，或许还能做出一些东西。如果一心想挣钱，反而还挣不来钱。越想把啥事情干好的，用力太狠，就容易用力用偏了。一个人一生的精力特别有限，干成一件事情就了不得了。"他说，"你看，西安市的好多广告牌，原来都是房产广告，现在变成书画家的广告。一方面说明经济在衰退了,商家不做广告了;一方面说明社会上书画这么热,也不正常,而且证明书画家很浮躁的心理,极力地想把自己推出去。"

贾平凹自认喜欢写书。不同于陈忠实一部《白鹿原》定终身,贾平凹每几年就会出一部长篇小说。贾平凹说:"我觉得写好了是享受,写不好或者画得不好都是一种受罪,都折磨人。写顺了,或者我这幅画画好了,或者那幅字写好了,就能带来无上的喜悦。愉悦和折磨是同样的,枯水的时候,弄不下去的时候就不弄了。就等,等来了,必然就产生一些东西。"

小说、散文、书法、画画在生命中的地位,贾平凹如此安放:"写作当然是我第一位的,因为我写了几十年。我是依靠这个活过来的。例如,我写长篇,突然就有一个题材适于写散文,我就写成散文。互相有一个思维调节、情绪调节的过程,互相有吸收。写字、画画能调节好多东西,受好多启发。不可能倒置了,除非觉得我的文学枯竭了,写不出来了。"

李怀宇:《张充和诗书画选》的序中说,诗、书、画在张充和身上融为一体,这是中国文化艺术的一个传统。其实在中国传统文人里面,像王维"诗中有画,画中有诗",苏东坡的书法写得清雅。你认为这个传统在现代中国慢慢式微了吗?

贾平凹:肯定式微,现在社会什么都分得特别细。古代文学没有分得这么细，现在把小说、散文、诗歌、戏剧都分得特别细。小说里边又分成工厂题材、林业题材等各种题材，反正哪个行业就叫哪个题材。散文里面有抒情散文或者是散文诗，也分得特别细。本来我觉得社会发展到这个阶段，任何一种行业都习惯分细了。拿文人来讲，过去琴棋书画是最基本的东西。但是现在把它全部乱开了，有一些人的文名大了把书画名淹没掉了，有些是文人书画名气大了后把他的文名淹没了。现在是专业的画家，专业的书法家，专业的作家。当然有不好之处，纯粹从事画画或者书法、篆刻，就变成单一的东西，不容易吸纳更多的东西了。要么不读史了，要么不研究更多自然界、生命的东西，就一头扎进技术层面。任何艺术一旦进入技术层面，都是末路了。现在大家对学院派有意见，反过来冷静想想，学院里就是培养一般性、专业性的人，不是培养多少人才、大家或者大师，因为它是做普通教育，就是最基本的东西。如果在美协或者书协工作，好像就是画家、书法家一样，其实不是那么回事。或者你整天在写字、画画，就肯定能够成为一流的画家、一流的书法家，那也不可能。职业和事业还是两码事。我觉得不管是王维还是苏东坡的作品，实际上是一个整体表现的一个侧面，所以他那学养就多，他是以学养为基础的，现在好多人的学养单一了，就不注意从别的方面来叙述一个东西，没有一个综合的东西，这样就变得比较单薄了，容易做成技术性的东西。比如说，我到一些地方参观一些美术展、书法展，只能看到一样的字迹、一样的画法，都差不多，大家就都在那个技术层面。我觉得这么弄是很残忍的,艺术又不是工艺,工艺主要讲究"工"的方面。所以,现在更应该接触一些原创的东西,你可以学一些古人的东西,但是你自己要独创一些东西。要不大家全是那几种写法了,画也是那几种画法。我觉得艺术发展到一定的程度,一定有一个大的突破。一旦衰落的时候,必然就有人出来开宗立派,历史上、文学史上、绘画史上也是这样。所谓的大家、大师就是末日、衰败的时候冒出一两个人,这一两个人就成为开宗立派的大师。但是这种现象也不是谁都能改变得了的,因为跟整个的世风和国风是一体的。就像人病了以后,胳膊也不灵活了,腿也不灵活了,眼睛也不灵活了,牙齿也不灵活了,健康的时候干啥都行。但是,现在不可能再出现王维、苏东坡。

李怀宇:我采访过吴冠中和黄永玉。两人虽然是画画的,文章都写得好。我们从另外一个角度讲,画家的文学修养重不重要?

贾平四:我觉得重要。我是拿我自己来体会,要把文学弄好,一方面是对大自然的看法,有你的世界观、文学观在里头。你对外部世界是什么看法,这里面你要表达世界观、文学观,这必然产生一个哲学,才可能提高你的作品的境界。如果你写的文章、画的画,连自己都毫无感觉,纯粹是一种工作,没有感情在里头,那打动不了人,不可能出现好的作品。我认为在自己创作的过程当中,反过来从书画里面也学了好多东西。这里面不光是中国的,还有外国的。我原来做过一种比较,就是外国哲学与中国哲学、外国绘画与中国绘画、外国医学与中医作比较。从各种的比较中，才能明白东方人的思维有什么特点，吸收更多人的东西。

李怀宇：西方文艺复兴时期非常重要的人物达·芬奇，不仅是一个画家，更是一个全才式的人物。达·芬奇是典型的文艺复兴人，但是那个时代此类人物也蛮多的。

贾平凹：我觉得他是天生的。为什么在艺术衰微的时候能够出现一些大家，那都是天生的。必须有几个人再撑起这个房子，大量的人都是一砖一瓦往上垒，关键人物就有几个，把梁、柱子撑起来。虽然不能说生下来就是一个大天才，要好好培养。恰恰都是不经意之中才能发现他的天才。但是一个人从事艺术，起码要有这个意识，将来能不能成功是另一码事。

李怀宇：你认为成就天才跟这个时代的关系有多大？

贾平凹：每一个时代都有天才。为什么能产生唐诗、宋词、元曲、明清小说，为什么在明清不出现唐诗，而是小说呢？一个时代有一个时代的思维，一个时代有一个时代的风气。有些道理大家都知道，但是一旦扎进去就陷入局部的泥淖中去了。艺术的路子应该越走越宽，要不停地吸收好多东西，才能走得远。但是现在社会的风气，都在想怎么能卖钱，怎么能参加展览，得个奖，艺术家忙得要命。

李怀宇：吴冠中先生是一个非常有意思的人，他的画价那么高，但是生活非常简朴。吴冠中晚年讲"一百个齐白石抵不上一个鲁迅"，你怎么看这句话？

贾平凹：我看过吴冠中的一些文章，他的散文写得确实好。他是一个有思想的人，他当时说"一百个齐白石抵不上一个鲁迅"，是从一个角度来谈的。他不是从综合角度来谈，当然齐白石也是伟大的画家，我也特别喜欢。鲁迅是从当时对中国社会发言这个角度来讲的，鲁迅比较关心的是中国的国民性，齐白石画的是虫、鸟、菜、花卉，但是你能看出齐白石对中国社会的推进，这是历史里面的一个很重要的东西，如历史上评价陶渊明一样。陶渊明的《桃花源记》是一种人生理想，鲁迅对社会发言，是人生另一极的表现。他俩表现的情况不一样。还有，一个是画家，一个是作家，从事的领域也不一样。吴冠中恐怕是有前因后果来说这个话的，像他讲"笔墨等于零"，其实他也知道笔墨重要，这是矫枉过正了，必须说些狠话才能引起重视。不能单独地把他的一句话拿出来看，我估计吴冠中的性格和鲁迅的性格有相同的地方。我看历史上好多的画家都是大师级的人物，整天互相吵架。

李怀宇：在这个时代如果做像鲁迅那样的文学家恐怕也不容易啊。

贾平凹：也不容易。这个时代确实也需要鲁迅这样的人物出现。因为像鲁迅的出现是长期积累过来的，他是一种独立于世的形象，和社会的黑暗进行抗争。现在也有这样的人，但是都没有形成像鲁迅这么大的声誉或者威望、影响。

李怀宇：你右手写文章，左手写书画，觉得这两者之间有没有平衡的地方？

贾平凹：农村有种土语说"会推磨子就会推碾子"，反正都是转圈。不管从事任何艺术，最高的境界是一回事情。要想把画画好，实际上也是表达，和文学表达是一样的东西，也是创造一种格局。音乐、绘画、舞蹈，最高境界都是一回事情。有些人是本来就应该那样的，只是好多人不开发他的那个东西。好多画家如果写文章，也写得很漂亮，像吴冠中。一旦绘画画得好，必然会写文章，只要把那个基本规律掌握了，就能写了。一般的大文学家，字都写得好，因为那个道理都一样的。我自己学绘画，不是专门学，我是想画什么就画什么。我这一段写字，当然人家来买字，我就给人家写写。一般我是有兴趣才画的，我没兴趣、没感觉是不画的。半年、一年不画，要画的时候天天在画。所以，这也互不冲突，也不影响，而且能互相启发。我在文学上的一些东西，文字上表现不出来，画一画。当然，画画有时候表现不出来，就会写小散文。书法是完全表现情绪的一个东西，那里边讲究结构，字与字、句与句之间的呼应，节奏关系，能看出一种很好的东西。

李怀宇：我们看古人的很多书法，都是写得非常潇洒的小短文，而且饱含各种情感。

贾平凹：《兰亭集序》其实是一个雅集，大家朋友一起玩，王羲之写得特别喜悦、特别得意，因为大家都挺高兴，整个字面上写得温文尔雅，喜悦之情在里面。像苏东坡写《黄州寒食帖》，那种孤寂、思念的情绪就出来了。颜真卿写过一些碑文，写得很庄严，很沉静，因为他敬畏一些东西。要看在啥情况下写、对谁写的，比如说我到庙里去，必然是很安静而且很恭敬。

李怀宇：你写字和画画有没有练过童子功？

贾平凹：具体倒没有临过。因为我上小学的时候上大字课，那是方格字，后来我看得多，是勤读，不练习。我读的时候想法和人家不一样，人家想的是这一笔是怎么个画法，讲究拿笔的时候王羲之是怎么弄。我不专门这么想，我主要看线条结构，看字的结构。我觉得字就是一个线条结构，原来认为所有的艺术都是实用性的，然后慢慢演变过来了。各人的性情不一样，各人所处的时代不一样，对字结构的理解、美学、审美都不一样。中国的字就是几个线条搭配的，因为又好看又能体现你的特点、你的性格。目前有一种书法方式，南方人的性情使书法特别灵巧，北方人写的就不一样，也难学到。原来北方人容易学碑，南方人容易学帖，现在好多北方人学南方人，好多南方人学北方人，再学，还是骨子里不对。当然，南方人要把艺术弄好，必须要吸收北方的东西，北方人也要吸收南方人的东西。我觉得要对你的兴趣、脾气的。如果不停地灵巧下去，总的境界就小了，应该是吸收大的东西。我没有好好练过童子功，弊病就是想表达的时候，表达不出来。但是童子功里面，也有弊病，有时就把你框住了，就突破不出来了。任何事情都有两面：有积极面，也有消极面，必然就形成你的长处和短处。

李怀宇：这十几年来写字成为你非常重要的收入来源，而且还是生活的一部分？

贾平凹：对，我本身有这个兴趣，只是以前没有开发。如果当时不专门搞写作，或许我也专门搞书画了。我在年轻的时候就喜欢写字。我虽然不具体临写，但我以前写的字比较多，我是用钢笔、工具笔，我对字的结构理解得肯定比别人还深一些。因为天天都写几千字，对字的结构，字的组合，笔画的组合、搭配，在这方面我无意中下过好多功夫。实际上，像古人写字，留下来的这些名家，都是他的那个生活环境、性格、际遇、命运，形成他的那一套东西。所以我一直在强调要有原创性的东西。

李怀宇：就你的经历来讲，文学特别是小说会不会慢慢淡出这个时代？

贾平凹：也淡不了。肯定不可能是全民都爱上这个东西，1980 年代中国的文学期刊每年发行最少几十万，一本杂志有时候发行几百万，红火了几年。后来就发行了几百册、几千册，有的发行不下去，倒闭的比比皆是。现在中国最好的杂志也就几万、十万左右了不得了。好多人说以后的孩子不看书了，其实也还有人看，每个人的口味都不一样嘛。文学灭绝不了，如果说文学要消失，我觉得字画也应该消失了，但总有一部分人需要这些东西。实际上，现在文学比字画难度还大。比如说，我写一本书不能重复，重复了一段、几句，读者发现了，就不行了。我可以用不同的方法写同样一个字，画同样一个构图，我可以不停地卖，谁也没有意见。如果敢重复我四十岁或者三十岁以前写过的东西，把它拿出来，那就是骗人，一辈子就没法站住脚了。写字、画画，当然有些精品画就是下功夫,几个月在那画,但是最多不会超过几年吧。那一部长篇小说要写几年,啥也不干。据我了解,目前画坛、书坛的书画家们,画画、写字感到比较轻松。再忙都是只忙那一阵,不像写文字一样坐在那儿,枯燥得不得了。当然,一些特别著名的工笔画,最多也是画几个月,不可能画三五年。但是书一写就经常三五年,慢慢地一个字一个字写。相对来看,画画脑子轻松,只要想好了,就画得快。不枯坐,不行了把那纸揉了再慢慢来。写书麻烦得很,一坐就是几年。

李怀宇:目前来讲,写长篇小说的氛围恐怕慢慢有点减弱了?

贾平凹:总有人爱那个东西,这个世界上啥人都有。就像人的口味一样,喜欢辣的、咸的、淡的,那都有。所以一幅画、一幅字,想求得所有人都来觉得它好,那是不可能的。个人的口味不一样,表现艺术的时候,个人的审美不一样。写书或者是写字、画画都是这样,没办法比较。但大概有一个尺度。

李怀宇:有没有人跟你说过,你三十岁上下的散文写得非常好?

贾平凹:有人说,但那是年轻人在看啦,那时唯美的东西太多了。年纪大了以后,就是有话则长,无话则短,没有起承转合那些东西了,不讲究技巧性的东西了。年轻的时候是讲究技巧,要写得优美,要起承转合,要开头结尾。年轻的时候看书爱摘句子,年纪大了以后看书就不摘句子了。能记住,我感兴趣肯定是能够记住,记不住也都是用不着的,把它写在哪儿也会忘掉的。所以,好多人都说我年轻的时候散文写得好，我说那是三十岁写的东西，那个时候是精力充沛、思维敏捷，写得优美一些。但里边生活的含量，自己真正从生活中和生命中所体会的东西不是很多。到了五十岁以后写的东西，猛地表面一看好像没啥华丽的东西，但是里边显示的一些东西，完全是我自己体悟的。在年轻的时候没有这些东西，年轻的时候都是属于几句话的启发，一幅画的启发，突然来的东西。特别讲究，文字上、技巧上讲究。后来年纪大了就说家常话，但是那个话都是经过人生磨砺出来的一些道理。

李怀宇：但是有人说你五十岁以后写的文章，常有一股暮气在里面。

贾平凹：人到一种程度，就要说啥话，到中年以后就完全说自己的体会，不说那些华丽的东西，而是从平时、朴素的角度来讲话的。

李怀宇：汪曾祺先生是我非常喜欢的作家，他的字也写得好，画画得清雅。《受戒》是他在六十岁写的小说，还保持了那种清新、淳朴、乡土的气息。这是不是很值得研究？

贾平凹：每一个作家都有个人的情况，或者因为他的能量的大小的问题。其实人干的东西，最后都是能量的东西。你能量大就走得更远些，你能量小很快就消失了、衰败了。一个艺术家必须有能量。看你是一个大人物还是小人物，我觉得是比能量。

李怀宇：现在回过头来想，商州乡土的气息，是不是你能量的源泉？

贾平凹：最早是以那个为根据，后来不停地扩大了。这十年写的长篇基本上还是借用那个壳子，但实际上内容已经放大了。我这十年的小说，早都改了传统的东西，不相同了。我最早写字喜欢的是魏碑，但写写就不喜欢了。那些东西我怕太过了，啥东西一过就做作了，不自然。小说也是那样。

李怀宇： 从气来讲，你的小说和字画里面为什么老有一种禅的味道？

贾平凹：我比较安静，比较沉稳一些，就有力量一些。所以，我的字越放大越好看，小了反而写不好。但是，安静也是佛里面讲究的一个东西。所以，各种字体能够看出这人当时的生命状态，所处的环境，包括弘一法师写的字，很安详，是写经文，必然就不一样。像颜真卿是当大官的，写字是很恢宏的气象。所以人说：文如其人，字如其人。我没见过人，我把你的字一看就知道你这个人富贵不富贵，当然富贵和穷酸不影响艺术的大小，但是当中能看是一个什么样的命运，性格怎么样也能看的。

李怀宇： 所谓五十而知天命，你现在相信自己的天命吗？

贾平凹：最后不相信也没办法的，也得相信。人到五十以后，我就说：一切都是神来安排了。实际上，从科学的角度来讲，一到这个时候，你的河流必然形成一个大流，有了一个大的趋势。你能流多大，能流多远，现在积这么大的水，将来肯定能流更远些。你到五十来岁，水只有这么点，那肯定流一点就干枯了。所以，能把握这种往前发展的趋势，就是知天命了，实际上就是知道能量有多大了，还能创造些啥东西，心里有一个榜样了。

李怀宇：商州、西安、陕西，中国以外，你对这个世界还充满好奇吗？

贾平凹：永远充满一种好奇，谁也看不透这个东西，你才可能走上艺术这个路子。你如果啥都不管，只关心你屋里老婆啊这些事情，那你不是干这行的。干这行，有时觉得荒唐、可笑得很。

李怀宇：中国近三十年来，很像李鸿章所谓"三千年未有之大变局"，这三十年的变化是天翻地覆的。中国的文学艺术在全球化的冲击下，如何出现一种新的气象？

贾平凹：这个社会在巨变，各种思潮、各种观念一块都来了。各种外国的东西都过来了，国人如果说在文学、艺术上有野心，肯定关心和研究中国与世界的一些东西。如果只是埋头满足于这一幅字、一幅画能卖多少钱，当然不会关心这个事情了，不管世界会发生什么事情。但是，那样我估计也弄不成个啥。

李怀宇：1901年，梁启超在《中国史叙论》里说，上世史是中国之中国，中世史是亚洲之中国，近世史是世界之中国。"世界之中国"如何能走出大格局？

贾平凹：起码现在中国引起世界的关注是毋庸置疑的。但是中国目前的社会应该往哪个方面走，还说不上来。现在国民的世界意识还是慢慢在进步，关心的人多了。现在由于通信的发达、媒体的发达，世界上发生的任何事情都能知道。慢慢地，外国人发生什么事情就可以推动我们思考自己身边的事情。有这种觉悟，确实在以前是不可想象的。当然对于从事具体的行业，尤其文学、艺术这方面的人，现代的东西，人类的意识，是特别重要的，没有这个东西，不可能看见好多东西，不可能把自己的路定得很准，当然如果没有雄心大志，那是另外一回事情。只要有一点野心的话，必然要回到这个路子上。

李怀宇：我来西安之后，反过来想，其实在汉唐时代已经是"世界之中国"了。在汉代和唐代，中国跟世界的交流有大气象，那时候也可以说是世界的中心，也许那时候就有"世界之中国"的意识。今天国人应有更开阔的视野。

贾平凹：一个国家强大以后，人的意识才能想到更多的东西。比如说人穷得要命，家里都是吃了上顿没下顿，不可能考虑更多周围的事情。整个人类出现困境，不光是艺术出现困境。艺术的困境实际上是人类出现了困境。要考虑人类出路，才走得远，到火星或者是月球。国家强了有这种意识：怎么解决环境污染问题，人类最后出路的问题。表现在文学、艺术上，美国的影视经常写人类未来，或者是和外星人怎么作战。经济发展、国家强盛，人才能开放自己的意识。我经常讲，在文学上一定要有现代意识，现代意识实际上是人类意识，地球上这么多人，大多数人在想啥，大多数人在干啥，咱应该追寻这个东西。当然追寻中可能发现你好多不对，再去慢慢解决你自己的问题。比如说，在发展的过程中出现贫富差距问题、分配不公的问题、腐败问题，就不停地要纠正和改进咱的这些毛病。然后也想一些更好的东西，慢慢意识就扩大了，就是必须要强盛、富裕起来，才可能发展好多东西。如果不富裕，文学艺术基本上还是依附在经济上。如果特别贫困，吃了上顿没下顿，他还在那写书，还在那画画，那不可能做得好。他可能想赶快画一个啥东西卖钱买饭吃，就不可能产生绘画这种艺术。包括曹雪芹那个时候很贫困，但曹雪芹也曾经辉煌过，他的贫困跟穷人是两码事。所有艺术都是吃饱饭以后产生的东西。这些基本的东西解决不了，别的都解决不了。

贾平凹

1952 年生于陕西商洛。著有《商州》《浮躁》《废都》《白夜》《秦腔》《古炉》等。

流沙河

愿做职业读书人

2006 年 11 月 11 日下午，成都香柏树下音乐吧座无虚席，大家在听着流沙河先生讲《庄子闲吹》。流沙河笑眯眯地说："所谓闲吹，川语谓之闲扯，就是不讲章法，想到哪里谈到哪里。"这半天的闲吹里，笑声连连。日近黄昏时，主持人说："今天沙河先生在这里闲吹庄子，与大家同度他七十五岁生日……"在座者肃然起立，在掌声和生日歌中，尽欢而散。

两天后，我如约来到流沙河先生家中，又是半天的闲吹。流沙河声情并茂地操着成都话，宾主有一搭没一搭地对答，如摆龙门阵。同座的冉云飞介绍，每个星期二上午，流沙河会和老友们到大慈寺喝茶，星期天则在流沙河家聚会。流沙河说，老友相聚，无非是交换读书心得，谈论社会百态，互相激发。

其余的时间，流沙河一般在家里读书写作，自称"愿做职业读书人"。他的桌子上，常是几本书都摆在一起，齐头并进地读，所写的多是读书笔记。他说："我现在写的读书笔记都不是要留给谁的，只是读得有趣味，便写出来，写的过程也有一种趣味。这些都是零零碎碎的东西，都留不下去，只能作为小点心。"

流沙河的书法自成一格，常为朋友写字。访谈的前天，他写了一幅黄炎培的教子铭："事繁勿慌、事闲勿荒，有言必信、无欲则刚。和若春风、肃若秋霜，取象于钱、外圆内方。"宾主在欣赏中笑道："黄万里就是这样教出来的。"

流沙河原名余勋坦，1931 年在成都出生。四岁时，流沙河回到老家金堂。1937 年抗战全面爆发，流沙河称少年时代接受的教育都是"抗日教育"。1947 年，十六岁的流沙河离开老家到成都读高中。

李怀宇：少年时代在老家生活了十二年，现在印象还深吧？

流沙河：我在老家生活了两个十二年，第一个十二年是我的少年时代。第二个十二年是从 1966 年"文化大革命"开始到 1978 年。可是我现在再回到老家去，街上的人已经不大认识了。我在"文化大革命"的时候，全镇连小孩子都认识我，因为我是大右派。我现在回去只有一些老大爷认识我。现在回去就感伤，从前我住的地方已经拆了,我不认识人家了,别人也很少有认识我的。这时候我就想起一首英文诗的一句:gone with the wind(随风而去)。

李怀宇:抗战在家乡时,日本的飞机有没有轰炸过?

流沙河:没有。但是日本飞机每一次来轰炸,都要经过我们大院的上空,从大院飞过五分钟以后,就听到成都炸弹的声音了。他们是精神战,必须打赢大城市,因为大城市才是中枢。小小一个县,引不起震动。

李怀宇:你在家乡读书受抗日的影响大吧?

流沙河:我接受的教育都是抗日教育。我进小学的时候是1938年,抗战已经全面爆发了,我背一个书包,那时候的书包都是自己家做的,大家都非常穷。我的书包上面就有四个字——"抗战到底",是我父亲写的字,我母亲剪下来再缝上去的。当时的老师都要跟学生讲:这样下去我们中国就要亡了!所有同学要爱自己的国家。如果亡了,我们就叫"亡国奴",就是奴隶了。

李怀宇:你那时读的是什么样的书?

流沙河:读的书都是当时国民党政府教育部编订的教科书。小学教科书叫"国语",中学叫"国文","国文"绝大部分是文言文,"国语"是语体文,就是我们说的白话文。小学生的国语课本有岳飞的故事,还有岳飞说的"文官不爱钱,武官不怕死"。后来才知道小学教材编写的参与者有顾颉刚。小学毕业班的国语最后一课就是都德的《最后一课》,是胡适译的。小学课本里就有胡适的诗："我从山中来,带着兰花草,种在小园中,希望花开早。"我读小学高年级,就已经有王维的《使至塞上》："单车欲问边,属国过居延。征蓬出汉塞,归雁入胡天。大漠孤烟直,长河落日圆。萧关逢候骑,都护在燕然。"一个小学生都背得,终生不忘。还有一点,我当小学生的时候,比现在的小学生贫穷不止百倍,但是快乐不止百倍。为什么快乐呢？当时小学生没有什么功课回到家还要复习的,回到家就是让你尽情地玩。所以贫穷是贫穷,回忆起来还是非常地幸福。

李怀宇：在乡下的时候了解抗战的形势吗?

流沙河：当然了解,我看报纸,唱抗战歌曲。对一个小学生来说,很多抗战的知识都是从报纸上来的。我的家中订了一份成都的报纸,叫《新新新闻》,后来我进了初中以后,学了几个英文单词,就说"new new newspaper"。并不是所有人家都订报纸,我家里的亲戚都有文化。我的另外一个哥哥订的是《新华日报》,在成都也有发行。在抗日战争的时候,还有电灯,我们家乡在抗战爆发的前一年就修了水电站,非常廉价的电供应到城市里面。当时的电除了照明以外,没有工业需要,因为我们家乡没有任何现代工业,只有电灯。当时电灯的牌子叫"亚普尔",就是"apple",像一个苹果。我在电灯底下看报纸,印象最深的是襄阳失守、宜昌失守,已经打到三峡门口了。抗战这些年给我们留下的印象太深刻,我所能唱的歌几乎全是抗战的歌。

抗战期间,流沙河在家乡目睹了美国空军的种种行为,印象深刻。

李怀宇:什么时候看到美国军队?

流沙河:我还在当小学生的时候,就非常熟悉美国军队。抗战以后,山西有一个学院叫"铭贤学院",迁到我们家乡来了,就在我们县城。那个学校有美国教师、美国职员,美国政府用庚子赔款来办"铭贤学院"。那个学校是今天"山西工学院"和"山西农学院"的前身。后来那里又修了飞机场,在修飞机场前,美国人的飞机就已经到了,先修一条跑道,然后飞机就来了。

李怀宇:在你的记忆里,当年在你家乡的这些美国兵是什么样的?

流沙河:飞机场跟我们镇上相距只有七公里,因此这些美军星期天经常到镇上来。他们就来看我们的寺庙,还看城隍庙各种东西。我们镇里不是归国民政府管,全是归袍哥。什么叫袍哥?要了解,袍哥是主持正义的。只要在我们这个地方发生污辱中国人的事情,袍哥就不答应。

那些美国兵天真得很!是天真少年,到我们那里快活得很,什么事情都看,什么事情都拍下来。他们没有见过我们这些稀奇古怪的事情?不叫他们美国兵,叫 mister(先生):"有三个 mister,还有一个女 mister 呢。"(笑)印象非常之好。到了 1980 年代,他们都老了，居然还回到我们那里来，还拿出当初拍的照片。居然有当年的人说："哎呀，这个就是我！"这些都说明美国兵非常之善良。他们念旧。我知道的美国兵打死中国人的事情有一次，这是1944年的事情，日本飞机来轰炸了，发了警报，当时发警报有规定，凡是夜晚必须灯火管制。那时，日本飞机还没有到，美国飞机就发现在机场旁边一华里外的一个镇上有非常亮的灯火，美国兵用机枪朝发出灯火的地方打死一个中国人，这个中国人姓赵，是银匠，他在化银，灯光非常亮。如果目标暴露，日本飞机就要轰炸机场的弹药库。

在成都读高中时，流沙河在成都《西方日报》《新民晚报》《青年文艺》等报刊上发表诗歌、短篇小说等。1949年，流沙河考入四川大学农业化学系，几个月后离校，热情投入他向往的革命工作，批判俞平伯、反胡风运动中都曾写过批判文章。1957年发表组诗《草木篇》，被划为右派。1966年，流沙河被迫回家乡劳动，历十二年。

李怀宇：你是1949年考取了四川大学农业化学系？

流沙河：当初我成绩非常好，如果读下去，我可能做着水稻专家袁隆平做的事情。

李怀宇：当时在四川大学读了多久呢？

流沙河：几个月。

李怀宇：为什么不读呢？

流沙河：那几个月都没有好好读，我在写东西，因此班上没有任何一个同学认识我，但是都知道我的名字，因为我是第一名。大概几个月中我只上了三堂课，我在写诗、写杂文。后来我离开了四川大学，进了报社。四川大学发现很多同学学业没有完成就去参加革命工作了，他们就说，要建立新民主主义社会还是需要文化知识嘛，上面就传达文件、发通知把这些学生都招回来。我的报社人事科就来找我，说你回去读大学可以享受调干待遇。那时候有津贴，什么东西都发，连香烟都发。我还是不干。那时候我心高气傲，觉得我有革命思想，革命思想高于一切，我怎么能够走回旧社会的角色，就不去了。从一滴水反映当时的某种社会状况。知识是不受重视的，不是人家不重视，就我不重视。我就要和赵树理同志一样，深入生活，创作革命文学，这个才叫天经地义。我这一辈子就很可怜，后来 1980 年代四川大学有活动，要我回去，我说我不回去。他们说，他们查到我的名字，给我补一个毕业证书，我说："我才读了三堂课，不好意思。"我高中也没有毕业，因此我连高中文凭都没有，我的学历就只有初中水平。

李怀宇：后来批判俞平伯、反胡风的时候你都很积极？

流沙河：我写过两篇批判胡风的文章，批判俞平伯也写过两篇。有些文章就受到领导层极大的重视。

李怀宇：还记得那些文章你是怎么写的吗？

流沙河：当初已经有很多革命前辈写批判俞平伯的文章，批判胡风的文章，我们这些后生就学习他们的战斗思想和战斗方法。

李怀宇：后来怎么创办了《星星》诗刊？

流沙河：1956 年创办了，1957 年 1 月正式出刊。1956 年 9 月就已经成立《星星》编辑部，办公室也有了。我是里面的一个编辑，也是编委会的成员，共有五个成员。

李怀宇：发表《草木篇》是你成为右派的罪证？

流沙河：有一部分右派跟这个事情有牵连。

李怀宇：当了右派以后干什么？

流沙河：当时每个单位必须留一两个"反面教员"，我是"反面教员"，最初的两年把我留在编辑部，修改稿子、订正文字。他们给我的稿子都是乱七八糟的，让我整理文字，我只负责错别字。后来就到凤凰山农场去劳动了三年多。回来后就在现在住的这个地方种菜，那是三年困难时期，有些人来偷，还要每天晚上守着。

李怀宇：1966 年就回到家乡去了？

流沙河：我的家乡是城镇，还不是乡下，我这一生没有下过一次乡，我都没有真正吃过苦。在城镇，仍然是粮食供应，当了农民就没有这个了，了解到中国的底层就知道如此之不公平。

李怀宇：在家乡那十二年主要做什么？

流沙河：拉锯六年，钉木箱六年。因为我做的劳动是计件工资,每个月拿的工资是上面算出来给的,因此所有我锯的木都记了账。一年只有病重和正月初一没有做,从来没有星期天,拼命地做,按面积全部算起来,我这六年所锯的木板按平方尺算,一尺宽排起来,有三十华里。

1978 年,流沙河从家乡回到成都。1982 年,流沙河写《台湾诗人十二家》专栏,后又写《隔海说诗》,较早介绍台湾诗人,尤其欣赏余光中。在一次讲座上,有人问流沙河:"余光远是你大哥?"流沙河点头说是。又问:"余光中该是你二哥吧?"流沙河赶快声明不是。余光中的《蟋蟀吟》与流沙河的《就是那一只蟋蟀》隔海酬唱,成就一段佳话。

李怀宇:第一次看台湾新诗是香港的刘济昆寄给你的?

流沙河:刘济昆原来跟我都不认识,因为他是四川大学的学生,他家是印度尼西亚华侨,他十二岁就在印度尼西亚发表诗歌。1965 年印尼排华,他就只好回来,他不了解这边,就到贵阳读高中,然后考取四川大学,一进四川大学就是"文化大革命"。他是四川大学第一个被揪出来的,到了 1970 年代,放出来以后,他就到香港了,当打工仔。最有意思的事是他说的:你们内地来的所有文化名人都要经过我这一关,因为我是在海关过行李的,过行李要有名字。他特别关心成都的事情,我在这边重新发表文章,他马上就知道了,就写信给我：无论你写什么，给我寄来。在那边登，这样可以赚点钱，他给我付高的稿费。

李怀宇：通过刘济昆，你认识了余光中？

流沙河：他在信中告诉我，外面有个诗人叫余光中，写的诗最好。他看我写的诗全是宣传腔，是说"文化大革命"如何坏，"四人帮"如何坏，中国的改革政策如何伟大。我的《流沙河诗集》1982年出来以后，赶快寄给刘济昆，托刘济昆交给余光中。不巧余光中回台湾了，一年后才回到香港中文大学，见到我的那本诗集，余光中还提了意见，说中间哪首诗好，那么，没有提到的诗就是不好了。（笑）他是用表扬的形式来提意见。

李怀宇：后来余光中写了《蟋蟀吟》，你写了《就是那一只蟋蟀》作答，我们在中学课本读的。

流沙河：余光中的一本诗集上有《蟋蟀吟》，但是我没有看见，等我看见了，我的这首《就是那一只蟋蟀》已经写了。他在信上说："夜间听到蟋蟀叫，就会以为那是在四川乡下听到的那只。"我觉得他这一句留下一个诗的眼口。我的这首诗是在香港《文汇报》首发的。

1980年代末，流沙河身体不佳，心情郁闷，萌发了重读《庄子》的念头。多年钻研《庄子》后，流沙河身心舒畅，出版了《庄子现代版》。

李怀宇：什么时候开始读《庄子》？

流沙河：开始读是在初中。我的一个国文老师是武汉大学中文系毕业的，他的名字叫王纯良，他教我们国文的时候，觉得教材太浅。他教我们《逍遥游》前面三段，规定必须背诵，而且规定我们必须手抄，这样就终生不忘。我当了右派以后，就开始读王先谦的本子，《庄子》三十三篇只选了二十二篇。王先谦的本子好处是加了简单的注释，便于普及，不是供研究的。这是 1958 年，那时候我以为《庄子》就是这二十二篇了。但是后来我看别人的一些文章，《庄子》的一些文章怎么没有读过呢？

李怀宇：后来在"文化大革命"当中能读吗？

流沙河："文化大革命"的时候，任何书都没有了。"文化大革命"当中，我一天那样强的劳动，我要吃饭，我要挣够钱，不然就要饿死。根本就没有心情，没有时间，也没有客观条件可能读书，什么书都没有了。

李怀宇：什么时候把《庄子》读全了呢？

流沙河：1980 年代后期，我的各种病症已经相当重了。胃病，人特别瘦，身体极差。后来有人跟我说："当时我看你快要死了。"怎么办呢？突然我觉得灰心，觉得应该好好地读《庄子》了。于是就关门读《庄子》了。一边读，一边钻研，就不是阅读了。其他人说的："流沙河本来快要死了，是庄子救了他。"这个话是我前妻说的。正因为是庄子教我们换一个角度来面对现实，如果不换一个角度，心中非常怨恨，非常愤懑，胃病更加严重，神经更加衰弱。所以我说，《庄子》是给历朝历代的失意文人一点安慰。

李怀宇：后来怎么萌发写《庄子现代版》的念头？

流沙河：我突然想起，我迄今为止所写的东西，一本都留不下来。可能有一篇东西会以一种形式流传下来，就是将来的人写历史，写到某一个注释，有一句就说是引自流沙河《锯齿啮痕录》某一句。我说，就是这个也不是作为作品，是作为资料让人家证实哪年哪月哪个右派做的事。我做的事情就像长江水过了，我认为留得下的东西就是：我本身没有这个本事，我是一个小人物，可是我牵到一个伟大作家的裤脚，我只有一尺高，牵着他的裤脚，可以混进文化圈子，这个巨人就是庄子。我没有入场券，我可以牵着巨人的裤脚混进去。除此以外，我留不下什么东西了。长远的将来，还会有很多人读《庄子》，而《庄子》原文又是那样难，那么我在这里加了工，便于将来的人接受，这样就算牵了庄子的裤脚。

流沙河

1931—2019 年，原名余勋坦，四川金堂人。诗人，散文家，著有《窗》《农村夜曲》《告别火星》《流沙河诗集》《台湾诗人十二家》《隔海说诗》《锯齿啮痕录》《庄子现代版》《Y 先生语录》《流沙河近作》等。

林斤澜

———

人生不是长篇小说

林斤澜先生的家中有一个架子的酒瓶，和老朋友喝酒的快事已成往事。据《林斤澜说》一书中说，陆文夫逝世后，林斤澜对程绍国说："晓声走了，曾祺走了，现在文夫也走了。人说我们是文坛酒中四仙，咳，只剩下一个我了。"

说起趣味相投的朋友汪曾祺，林斤澜不免伤感。汪曾祺经常把林斤澜家的电话当作自己的给了人。林斤澜回忆，有一晚人家打错电话后，坚决地说是汪曾祺自己给的电话。"过后我打电话问曾祺怎么回事，曾祺说他只记住一个号码。我问你自己家的不记得？电话里断然回道：'我没有给自己打电话。'"我说起汪曾祺晚年的画很清雅，林斤澜说："他最后很多时间在画画的，我有时候也觉得不大可理解。"

《林斤澜说》书中说，林斤澜对世界的认识是两个字：困惑。闲谈中，林斤澜说，他对一些事情都不大理解。"我注意到一个问题，看了很多书，都没解决得了，就是现在有许多专家评周作人的文章，为什么他在书斋里能淡泊？谁都知道，他当汉奸的责任不可推卸，大家对汉奸的憎恨也是真的，但是读他的书说好的，也是真的。因此，我很佩服的作家像孙犁说，当汉奸怎么还能淡泊？如果你真的淡泊名声，你怎么还会当汉奸，假的。"说这话时，林斤澜的神情中流露一丝困惑。"当年骂沈从文的人都骂错了，丁玲也骂沈从文，丁玲的有些事情我也不理解。萧军在最后说，他已经原谅了过去的许多事情、故人，把它忘了，让它过去吧。我就想起丁玲最后为什么那么怨恨周扬？周扬向她道歉，而且周扬自己思想也有些改变。你丁玲一个大作家，把精力都放在过去这些事情上，何必呢？浪费时间，浪费生命。"我提起王蒙写周扬和丁玲的那两篇文章中的说法，林斤澜听了说，依然没有解开他的心中困惑。

林斤澜介绍，现在尽可能地避免去外面参加活动。读小说也比较少："有的小说太主张个人内心了，我就不喜欢。"而说起旧时相识，他叹了一口气："可以说很少了，前几年，有年轻人把他们父母辈的老照片拿给我看，让我认一下，这是谁，都记下来。十几张照片上，现在很多人都不在了。"

林斤澜 **1923** 年生于浙江温州,中学时代曾参加抗日救亡运动,**1945** 年毕业于国立社会教育学院。早年经历丰富,一度到台湾从事地下工作,这些生活体验成了林斤澜日后文学创作的源泉。

李怀宇:你的作品有很多早期在温州生活的印记,温州的生活对你的影响很大?

林斤澜:早就有人说,一个人的童年、少年是很重要的,老了之后,想的主要也是这一段。但现在去温州不多,医生对我有忠告。

李怀宇:沈从文从凤凰出来,汪曾祺从高邮出来,你从温州出来,故乡生活对你们三位都有影响?

林斤澜:我的《矮凳桥风情》可以说整个都是对温州的回忆。

李怀宇:你读的国立社会教育学院是什么样的学校?

林斤澜:我读的是电影戏剧,那时候是全国第一家有电影戏剧专业的学校,是最粗糙的,当时也有人注意到了。现在的电影大学是分导演、编剧、摄影、表演的,但那时候是笼统的、合一的,编导都合一的。

李怀宇:当时你的兴趣是想以后做这一行吗?

林斤澜:对,但我后来没有实践。作品里用的电影手法也很少。

李怀宇:你十四岁到二十二岁期间正值抗战,这段岁月对你

后来的影响有多大？

林斤澜：我从那时开始就离开家庭，独立生活了，要说对我影响大，大就大在这个地方，在你还没有独立生活的能力的时候。现在一般到十八岁，还可以半独立，家里还可以帮着，我那时候就独立了。

李怀宇：有没有想到后来会从事文学创作？

林斤澜：没有，1950年代我考虑干什么，这才决定搞文学写作。

李怀宇：你后来跟林昭读同一所学校是怎么一回事？

林斤澜：那是一所干部学校，那些年不是还有很多干部学校吗？都是不论年纪、不论什么的。那所学校全名是苏南新闻干部学校，是1949年之后的。

李怀宇：早年搞地下工作对你后来有影响吗？

林斤澜：我当时到台湾去了，还经历过"二二八"事件，遇到很多大事情。"文化大革命"那时候什么都查，好的查，坏的也查。我觉得很多事情能够平安度过，我就将它当作平常的事情。我参加革命也好，参加部队也好，搞地下工作也好，我也把它们当成平常的事情来对待。你别以为年轻人搞文学就平安了，文学的道路在我们文艺界叫重灾区，是是非非之地。像《海瑞罢官》，那都是很厉害的。文艺的运动，我后来都平常地对待过去了。也许我们这些经过地下工作的人，能够扛得住，因为你搞地下工作，都不知是生是死。

李怀宇：黄永玉曾经在 1948 年到过台湾，他说是地下党把他送到香港，因为国民党要抓他，当时地下党的工作挺多？

林斤澜：大概是吧，当时有很多线，有的线我不知道，我只知道我那一条线，比如有延安去的那一条线，有福建去的那一条线，有上海去的那一条线，各自的线其他人都不能参与，参与就坏了，这是当时的规矩，所以别的我也不大清楚。到全国解放的时候，我自己还年轻，我就考虑以后干什么，我就到文联来写小说，本来我想写剧本，后来发现剧本限制很大。

李怀宇：你来北京之后跟温州老家的联系多吗？

林斤澜：还很多，温州到我这一辈，已经没什么人了。温州历来就是数学家之乡，有很多大数学家，像谷超豪，都是出在温州的。再有就是文艺研究，不是文学写作，比如研究元曲的权威王起，再比如研究宋词的权威夏承焘，还有考古的权威夏鼐，我们那地方不大，都知道。我说的这些，有的比我高一辈，有的高半辈，夏鼐、夏承焘高一辈，王起高半辈。

林斤澜到北京市文联创作组从事剧本创作，1950 年发表第一个剧本，1957 年出版剧本集《布谷》。以后发表的作品大多为短篇小说，独树一帜，短篇小说《台湾姑娘》因在题材和写法上新颖独到，曾引起读者注意。在生活中，林斤澜与沈从文、汪曾祺感情甚深。

李怀宇：从 1949 年到反右之前，文化界的气氛还是比较宽松的？

林斤澜：那时候许多人还是在一种开国的兴奋当中，好像什么事都刚开始一样，百业俱兴，那叫开国景象。

李怀宇：你当时开始跟汪曾祺先生熟起来？

林斤澜：一个单位的，之前不认识，从单位里才开始认识的。可以说我们的道路走得不一样，我做地下工作的时候，他已经到上海去读书、教书了，后来做编辑。那时候还是生疏的，就文艺上情趣相投，比如他打那时候就喜欢沈从文，我也从他那里认识沈从文，文艺上当然就比较相投合，文艺上的倾向不是大家说一二三四，都喜欢。

李怀宇：你在 1949 年之前接触过沈从文的文章吗？

林斤澜：接触过，后来他的精力都干别的去了。我觉得他对小说有的看法，不一定很多人同意，他认为小说是绝而后生，这条路谁都不走了，才要深入进去，比如《红楼梦》，如果写出十部、一百部《红楼梦》来，那就麻烦了。《聊斋志异》也是这样，精彩的就这么几十篇，多了就不行了。小说不能卖钱，卖不出去，卖得很少，也不能拿小说去混个资格当个什么官，它无利可图，谁都不干了，就剩你我三两个人不走，为什么？因为我们就爱小说，不干别的，正是因为大家觉得穷，觉得没意思了，我们就喜欢这个，我们就干了去。钱也不想了，官也不想了，你就喜欢这个，你就决定干这个,好小说才出得来,这叫绝而后生。他在西南联大开课讲小说,那时候因为抗战的关系,小说的阵地就很少了,在那时候他就发现这一点。那时候小说都没地方发表了,所以这就是绝而后生。

李怀宇:你通过汪曾祺先生认识沈从文先生的时候,他已经完全不写文学作品了?

林斤澜:他已经倒霉了,倒霉到我认识他的时候,他已经在故宫博物院当一般的工作人员了。可一方面可以说他本身的工作也没有让他做很多,他自己已经下功夫了,他确实是个有心人,他那时候对考古已经很迷了。文学创作他不能写,不能发表,他已经绝望了,汪曾祺说他还自杀过,他后来对文学已经绝望了,他就把精力都转移到这个方面。

李怀宇:你那时候有没有跟他探讨过文学?

林斤澜:他有时候还谈这些东西,他的夫人张兆和在《人民文学》做编辑、审稿,稿子定了,她就最后为稿子润色语言。她是个好手。

李怀宇:沈从文自己有没有关注当时文坛的创作?

林斤澜:文艺活动他没怎么参加,有些当时发表的少量的文章,他还是看的,但看得不多。有些文艺活动他不理解,他怀疑这是文学道路吗?我就听他讲过这样子的,那时候农村搞互助合作,大家就参加运动歌颂新生活,都是这些东西,他很怀疑,他说这么弄能写出东西来吗?他的怀疑有时候会以某种方式表示出来,他说他过去写了那么多小说,现在都过去啦！他说他不懂了,不会写了。他怀疑,但他的方式比较谦虚：我不懂了,我不会写了……

李怀宇：你那时候怎么看文学界的这种风气呢？

林斤澜：那时候有的作家是主流作家,有的作家是边缘作家,你了解"边缘"这个词吗？现在还在用。那时候的文章分作三种,一种是时文,比方说你现在为作协的某项工程写文章,这叫时文,还可以得奖；一种是通俗文学,就是大众化、民间的东西；还有一种,就是文学作品。我们现在要分别去对待,一路是以领导的语言去领导时文,一路是用工农兵的、大众化的语言,那也不是文学作品,边缘的往往才是纯文学的。

李怀宇：你那时候写的文章属于哪一种？

林斤澜：你现在看我的小说,我编的全集,你不管我写得好写得不好,有一点好处,我全部收进去了。当时文学要求要反映时代的生活,尽可能越多越好。懂艺术的都要骗,都要哄,但是当时的产品越来越少,"大跃进"时很多农民的积极性很低,你还在写"大跃进"如何热火朝天,这是欺骗啊！你当时写的东西,不是按照生活的真实,你不是有意地欺骗人,但你也是无意地把运动的过程当成生活的节奏,包括《创业史》《金光大道》,都是这样,作者几乎都按照运动来写生活的节奏,跟生活都脱节了。

李怀宇：1957 年反右的时候,汪曾祺先生还与你一起吗？

林斤澜：那时候他已经不在北京了,不在一个单位了,他调去了中国文联，我与他算是比较合得来的，但随着时间的推移，也是各走各的路。他那时候好像不大写东西，因为要做许多工作，主编的工作、阶级的工作，花费了很多时间。

李怀宇：你自己那时作品多吗？

林斤澜：我自己也在写东西，我做编辑的时间很少，我做《北京文学》的编辑时间很短，都是一直在编，我开始不是做编辑，是做别的工作。如果允许的话，我很愿意写东西，可是要搞运动，就停顿了。我虽然做编辑的工作，但是没有写长篇大部头的东西，现在有些人也不大理解，为什么呢？我自己也不好说，为什么一直写短篇？我觉得这有兴趣的关系，还有也很难写长的东西。

李怀宇：汪曾祺先生基本上写的也是短篇，他认为短是小说的风格。

林斤澜：他自己也很坦率地讲：我就不知道长篇是什么东西。他的有些看法我是比较同意的，就是人生不是长篇，人生顶多是中篇，或者是短篇。能够反映生活的，我觉得是短篇，或者是连贯的中篇，比如说写抗战知识分子的生活，有的人做的事就是这一回，下一回就没他的事了；有的人在这一回里头出现了，下一回就消失了。

李怀宇：中国似乎也没有多少长篇小说的传统？

林斤澜：《聊斋志异》就是，比如说《水浒传》，《水浒传》就是板块的结构，亚洲一个板块，美洲一个板块——武松的，宋江的，卢俊义的，李逵的，几个板块结合在一起，最集中的、最直接的是表现在武松的故事上。

李怀宇：你受古典文学的影响深吗？许多现代小说较喜欢欧化的语言，而你的语言却很简练有力。

林斤澜：大家都看古典文学。有人认为文学小说就是语言的艺术，像我这路人就是这样，我们都认为应该在语言上下功夫。语言不管是什么式的，欧式的，自由式的，油画式的，到最后，最好的都是最简单的。什么式我都是要最简练的，各种艺术都要讲到简练的问题。

1962 年春，由老舍主持，北京市文联举行了"林斤澜创作座谈会"，专题讨论他作品的风格特色。改革开放之后，林斤澜写了一系列以浙江农村为背景的短篇小说，语言凝练、含蓄，结集为《矮凳桥风情》出版，一时传诵。

李怀宇：老舍先生的风度如何？

林斤澜：老舍是个很外强的人，他很能交往，不是封闭的，不是内向的，他在曲艺、相声、绘画等方面都懂，他非常会交际。

李怀宇：老舍先生当时说，在北京的作家中，今后有两个人也许会写出一点东西，一个是汪曾祺，一个是林斤澜？

林斤澜：好像听过，我也想不起他究竟是什么时候说的，人家知道这个事情。我也知道这话，但具体在哪一年，在什么场合，我也记不起。他说的只是乡土一路的说法，汪曾祺和林斤澜，其实在北京写得好的大有人在啊，各有各的路子。各路走下去，最后看谁在文学上能够占住领地。现在像汪曾祺已经是古人了，他的生命已经是画上句号了，但是他的作品能不能画上句号，我觉得还不清楚。有的人还活着，他还能发展。

李怀宇："文化大革命"对你个人的影响有多大？

林斤澜：我在"文化大革命"中停止工作，不写东西了。什么都干，就是不干文学，但是特殊地受迫害就没有。

李怀宇：你当时了解"文化大革命"是怎么一回事吗？

林斤澜：谁也不了解。

李怀宇：但是写不了东西很痛苦？

林斤澜：杨沫当时的《青春之歌》写得很好，她是一个老革命家，所以领导在很早的时候就很照顾她，让她回家，说你就不要跟着人家上山下乡，你就回家休养生息！杨沫就对我讲，她可以做事情了，她很激动，她跟我商量说她在写《青春之歌》的第二部，我的意见是这是你自己的作品，你想写就写吧！我自己不写。那时候你要写就得按着江青的"三突出"理论来写，按照"三突出"理论没法写，这在文学上，而不是政治上，我觉得我明白，我不想把文学变成那种工具。你的思想要跟着她走，受她影响很大。那时候汪曾祺很积极，而且有一段时间他对"三突出"也没有什么不好的看法。

李怀宇：你那时候跟他交往多吗？

林斤澜：那时候就不多了，那时候他在样板戏团，我都上山下乡离开文联了，没有寄托了，回来也要在家待着，而且我也没有怎样跟样板戏团来往，几乎跟他没有什么来往了。他当时写的《沙家浜》的几个段落，确实写得不错，不是逼着写出来的，有点自然的流露。他自己也很得意的，对当时的指导思想，他也是比较满意的。当时的作家除了写样板戏的，剩下的不多，"三突出"是害人的，只有少数的作家比较快地从"三突出"的死胡同里跳出来。而且跳出来以后，写出好的作品来，这样的作家也不多，汪曾祺就是。他写样板戏，真的是用心去写，他也确实写得好，不是假的，假不出来。

李怀宇：现在想来，你最好的创作阶段还是改革开放之后？

林斤澜：我想是的，但别人觉得不是，有人觉得我以前的作品比较好，比如说《百年小说选》，就是在世纪末千禧年的时候出版的，比较权威的，他们选我的小说都是选五六十年代的。我就有意见，我说你们考不考虑我后期的，他们回答我说：不行啊，后面八九十年代作品太多，作家太多，所以后半部分就选了我的散文。现在持这种看法的人还是有的，他们看得上的比如我写台湾的《台湾姑娘》，把这当成是我的代表作品。我自己喜欢后头的。所以在我自己的选集里，我跟他们赌气，50 年代、60 年代，我统统不选，我就选我后头的，选了《矮凳桥风情》，选了《十年十癔》。我觉得从艺术上来说，《十年十癔》是能代表我的，而不是什么《台湾姑娘》啊。

李怀宇：近几年写东西还多吗？

林斤澜：反正我现在还继续写就是了，还愿意写，但现在数量不多了，一个是不要求多，觉得写一点东西要自己先有些想法才好。我最近想写一篇小说，写了开头就写不下去。今年纪念萧军一百周年，萧军八十岁的时候，我说：萧老啊，你再写也写不出了。他说：我都不写了。年轻的时候写小说，天天想着它，天天惦记着它，天天琢磨着它。年纪大了，就不要干这个事了。

林斤澜

1923—2009 年，浙江温州人。中学时代曾参加抗日救亡运动，毕业于国立社会教育学院，北京市文联专业作家。小说家、散文家，著有《布谷》《台湾姑娘》《矮凳桥风情》《十年十癔》等。

李君维

——

定格于二十世纪

在北京一家饭馆里，我们都在怀老上海的旧，时在 2007 年初春。85 岁的李君维先生 28 岁时就从上海移居北京，谈得最多的还是 28 岁以前的故事。他曾说："时代已进入 21 世纪，我好像定格在 20 世纪，我的手表在 20 世纪 40 年代停止了。"

20 世纪 40 年代，比李君维大两岁的张爱玲开创了一股新风气。1947 年，李君维在《张爱玲的风气》中说："我是个不懂文艺理论的人，可是我总感到新文艺作家像个老处男，太多洁癖了。有了这些洁癖，叫人处处受了拘束。于是再回头看张爱玲的东西，真感到诧异：'这也可以写进小说里去吗？'张爱玲把那些新文艺作家因洁癖而避免的题材，全取了过来。我们太胆怯了，我们要问：'这可以写进正经文章里去吗？'可是我们忘记了问：'这是不是现实的?'张爱玲非但是现实的,而且是生活的,她文字一直走到了我们的日常生活里。"此前的一年,署名兰儿的《自从有了张爱玲》一文中说:"有人说张爱玲的文章是'新鸳蝴派',因为她另有一番琐屑纤巧的情致,后起而模仿者日众,觉得最像的东方蝃蝀,简直像张爱玲的门生一样,张派文章里小动作全给模仿像了。"

东方蝃蝀是李君维当年写小说时用的笔名,蝃蝀二字出于《诗经》卷三"蝃蝀在东,莫之敢指",朱熹的注解:"蝃蝀,虹也。"李君维解释,当年用这个笔名,是从张爱玲那里启发而来的,用怪僻的笔名无非是想引人注目。时间过了半个世纪,李君维才重新为世人所注目。近年来,"男版张爱玲"似乎成了李君维的称号。对此,李君维淡淡一笑:"我不大愿意这样被炒作。"

即使是这一次采访,如果不是辛丰年的忘年交严晓星的热情引见,李君维也是不大愿意的。他和辛丰年早年都曾受业于王蘧常先生,却未见过面,只是在文字上神交。李君维把这次采访当作聊天:"我挺喜欢跟年轻人聊天,因为跟外面接触比较少。"

多年来,李君维的生活没有多大变化:每天散步、读书、看报,偶尔会友。对远在纽约的老友董鼎山和上海的何为、秦绿枝等深为思念。闲聊中,他好奇地问:"现在新名词很多,像'八卦''狗仔队'到底是什么意思?"

　　李君维祖籍浙江慈溪，1922 年生于上海，父亲为建筑工程师。中学时代，李君维就读光华大学附中，1941 年考入圣约翰大学经济系，1945 年获圣约翰大学文学院学士学位。

　　李怀宇：你小时候有一位老师也是辛丰年先生的老师——王蘧常先生？

　　李君维：王蘧常先生是我初中时的国文老师，我向他学习古文。他是有名的书法家，上海、杭州等地到处都有他的字。他教我的时候，没有那么大名气，教得挺好，他对我学习古文的影响挺大。

　　李怀宇：什么时候开始学外文？

　　李君维：初中就读，我读书也不是太用功，可是我的语文考得蛮好，老师也是蛮喜欢我，只有数学不行。我高中毕业的时候，就是数学不及格，差一点不能毕业，要补考。一直到现在，我的数字概念极差。物理我也实在搞不懂。

　　李怀宇：后来怎么考大学？

　　李君维：我先考大同大学，后来考进了圣约翰大学。在圣约翰大学念经济系，我现在对经济一点都不懂。

　　李怀宇：怎么会去读经济系呢？

　　李君维：是因为找职业的问题。读经济系毕业了可以到银行当职员，比较好找工作。读文学可以说没有地方找工作，跟现在不一样。我为什么对文学感兴趣呢？第一，受老师的影响。

第二,看书。我父亲比较开明,我家里有《新月》杂志,有好多小说,还是新文艺的小说,有鲁迅、郁达夫的小说,五四时期作家的作品,我从小就爱看这些书。初中的时候住校,我经常在学校图书馆借书看。

李怀宇:进入圣约翰大学时,学校的学风怎么样?

李君维:圣约翰大学是美国教会办的学校,选课比较自由宽松。我在经济系,学古典经济学,学满了必修课的学分之后,可以随便选学。我就选读了不少英美文学课程。

李怀宇:当时有哪些老师给你印象深刻?

李君维:有一个女老师彭望荃。她是苏州人,出身名门,苏州城里有个"旗杆彭家",当地老人都知道,彭家出过几代状元,是官宦人家。彭望荃老师早年留美,回国后,曾与林语堂在上海办过英文期刊。我在她家看到过林语堂写赠她的书法条幅,称她为"学姐"。她不仅教我英语,还教我为人。在她家的茶会上,在轻松、隽永的谈话中,我学习了礼仪和礼教,学习了书里书外的各种知识,潜移默化地接受了中西文化的熏陶。

李君维在圣约翰大学读书期间,读到校友张爱玲在上海刊物上发表的小说,大为欣赏。其后在同学炎樱的引见下,偕同董乐山拜访过张爱玲。在朋友的邀约下,李君维于 1946 年开始写小说,取了一个怪僻的笔名"东方蝃蝀"。1948 年,出版短篇小说集

《绅士淑女图》。**1998 年**，钱理群、温儒敏、吴福辉合著的《中国现代文学三十年》（增订本）一书中说："兼有通俗、先锋品格的作家……尤其是东方蝃蝀，仅一册《绅士淑女图》，用一种富丽的文字写出十里洋场上旧家族的失落和新的精神家园的难以寻觅，文体雅俗融洽，逼似张爱玲，透出一股繁华中的荒凉况味。东方蝃蝀在意象的选择和营造方面，也和张爱玲一样与现代主义相通。"

李怀宇：什么时候开始看张爱玲的小说？

李君维：1942 年，在《杂志》上看的，那时候我进大学不久。

李怀宇：当时觉得她的小说怎么样？

李君维：一看就挺喜欢。第一，因为她写的生活我比较熟悉，比如说，她的《半生缘》里的老太爷有一妻一妾，这种情况我们亲戚中也有。老太爷终年住在小公馆里，大太太那边很少去，但结发夫妻的名分是生死不渝的。第二，她的写法，你说她是新文艺吧，她有好多旧小说的笔法；你说她是通俗小说吧，她又不是通俗小说，跟张恨水不一样；你说她是正统小说吧，可是她又不正统。文字上很有魅力。她自己也说：我的小说老派的人看了，觉得是新派，新派的人看了，觉得是老派。这就是她的特点，所以我就很喜欢，还有人可以这样写小说啊！

我受她的影响是不可否认的，是事实。可是报上炒作是什么"男张爱玲"，我是不大愿意的。

李怀宇：当年张爱玲在上海的影响到底有多大？

李君维：她死了以后的影响比活着时的影响大。她出国以后的影响比出国以前的影响大。她当时就是一个作家。当时在敌伪统治之下，写文章的人很少，有这样一个人出来，就引起人们注意。喜欢读她作品的就是一些知识分子、大学生、爱好文艺的人，一般的市民不一定知道。

李怀宇：张爱玲也是在圣约翰大学读书的。

李君维：对，我见过她，在大学就见到她，她比我大两岁，但到圣约翰大学的时间跟我差不多，可是她没有毕业。为什么知道她呢？第一因为她发表小说，第二因为她这个人长得蛮高的。

李怀宇：相貌出众吗？

李君维：不出众。

李怀宇：张爱玲成名以后喜欢穿些奇装异服？

李君维：对，她在学校里还不是太奇装。有一次，在马路上看见她，穿得特别出奇，穿一件欧洲古代的内衬鲸骨架子撑开的长裙。人家是长裙子，她把它改成短裙，齐膝盖又把宽大的裙摆缩小，像一个灯笼。还有一次，《倾城之恋》她是自己改编成话剧上演，老板是原来明星电影公司的老板，请她吃饭，想请她设计戏里的服装。那天她就穿着清朝古色古香的衣服，那老板一看，大吃一惊，不敢让她设计了。

李怀宇：炎樱带你去见张爱玲的？

李君维：对。那时候我少不更事，不是准备去采访，只是抱着好奇心去看一看，随便聊聊，所以没有交谈什么实质性的问题。

她也不太满意："我又不是动物园的动物。"我跟炎樱比较熟，炎樱胖胖的，性格很开朗，而且她不大会中文，那时候我们叫她印度人，张爱玲后来说她是斯里兰卡人，她妈妈是中国人。1949年以前我跟炎樱经常有交往，1949年以后就没有来往了。

李怀宇：你什么时候开始写小说？

李君维：1946年，我毕业之后写小说。

李怀宇：是自己想写还是人家约的？

李君维：第一次写可能是这样：有一个人叫马博良（即诗人马朗），是广东人，也是圣约翰大学的同学，比我年龄小，但是出道早，特别能干。他办一个刊物，组织我写稿，我那时候有点懒散，有人约我就写，没有人约我就没有写作热情。也可以说我自尊心太强，自己主动去投稿总会顾虑人家欢迎不欢迎。

李怀宇：你的小说都是在上班之外写的？

李君维：都是上班之外写的。我的小说就是在1946年到1949年写的。

李怀宇：当时写小说有没有一点玩儿的意思？

李君维：有点玩儿的意思。只是喜欢写作，兴到为之，率性而为。

李怀宇：写的都是上海的题材？

李君维：对，写的都是熟悉的。我从小生长、生活在上海，对上海的人和事比较熟悉。听上海人讲几句话，我就可以想象出他是一个什么样的人。

李怀宇：那时候有没有想过去模仿张爱玲？

李君维：没有刻意模仿，喜欢她的文笔，就自然而然地受到了影响。

李怀宇：其实张爱玲的笔法也是从《红楼梦》那一路化出来的。

李君维：对。还有一些外国的笔法。

大学毕业后，李君维到《世界晨报》工作，业余从事写作，他自述："沉溺在小说世界，沉溺在现实与想象、人生与艺术、真与美的交织之中，仿佛伴随着细细的江南丝竹，我感到阵阵喜悦，丝丝幸福。写作是我生命的一部分。"李君维自认不擅交际，冯亦代、姚苏凤、董鼎山和董乐山兄弟、何为、秦绿枝等人是他时时念想的知交。

李怀宇：抗战全面爆发时，你十五岁，了解当时的局势吗？

李君维：那时候蛮懂事了。上海虽然是在国民党统治之下，可是主流文化是左翼的，所以我们受到左翼文化、抗战文艺的影响。现在分析起来，出发点主要是抗战、救亡。商务印书馆出的傅雷翻译的《约翰·克里斯朵夫》，那时候年轻人看了，如痴如醉。现在这本书好像很少人提了。

李怀宇：有一个说法是，从北伐胜利到抗战全面爆发前，上海

是整个亚洲的经济和文化中心。

李君维：对呀，那时候上海比香港强得多，上海人看不起香港的。文化事业发达，那时候美国文化进来比较多，我看了许多好莱坞电影。我看美国的刊物，上海的图书馆进书很快，书店进书也快，所以美国出什么书，在上海马上就知道。毛姆的《刀锋》在美国出了没多久，这边就知道了，信息很快。在上海，土的、洋的、古的、今的，都可以并存。上海这个地方蛮奇怪，吸收能力特别强。除了江浙各种地方戏曲和苏州评弹之外，北方的大鼓、蹦蹦戏（评剧）也能为上海人所接受。刘宝全、小彩舞、白玉霜在上海也大出风头，京剧更不用说了。1930年代的上海，除了没有电视机外，什么电冰箱、录音机等家用电器都有。录音机是钢丝录音，笨重一点。

李怀宇：你怎么跟赵无极认识？

李君维：我通过冯亦代认识赵无极的。他为我的小说集《绅士淑女图》封面作画。他刚到法国时还来过一封信，后来也就没有联系了。

李怀宇：朋友之中，冯亦代对你的影响很大？

李君维：冯亦代对我人生影响很大。抗战胜利后他在上海办一份小报，叫《世界晨报》。他搞翻译，抗战时期在重庆出了一本书，叫《守望莱茵河》，是美国作家丽琳·海尔曼写的。我买到了，我就翻翻看看，其中有一个英文"sister"，也可以叫姐姐，也可以叫妹妹，我不知道怎么地推算一下，他不知道把姐姐译成妹妹，还是把妹妹译成姐姐。就这么一个小事情。当时上海有一份小报，叫《辛报》，我通过董鼎山的关系在那儿写稿，就借这个事情发了一番议论。发表之后，他看见了，就问当时在该报工作的袁鹰说："你认识这个人吗？"袁鹰说："我认识。""那你带他来见见。"袁鹰就约我去了，我那时候二十几岁，穿着西装短裤，去见冯亦代了。他看见我有点意外，没想到是个孩子，他问："你有工作吗？"我那时候从学校刚出来，没有工作。"那你到我们这儿来上班吧。"我第二天就去上班了。

李怀宇：怎么跟董鼎山认识？

李君维：我主要是跟他弟弟董乐山熟，我一直想写篇文章谈董乐山，但是熟人很难写，写生人还好一点，写熟人不知道怎么回事，好像顾虑特别多，怎么写，怎么措辞，考虑得挺多。董乐山是1949年到北京的，比我早一年。哥哥董鼎山在纽约，弟弟董乐山在北京。我最早是认识董乐山，他跟我是圣约翰大学的同学。他那时候已经有点名气了，笔名叫麦耶，在上海的刊物《杂志》上写剧评、影评。上课的时候，他坐在我后排，我坐在前排，我带了一本书，大概是《维多利亚传》，是卞之琳翻译的。我上课以后偷偷看，他在后排看见了，问我借来看，就这样认识了。后来我通过他认识他哥哥董鼎山。董乐山在我们这一辈人当中比较有才，他的英语、翻译都不错，后来他得了癌症去世了。

李怀宇：你怎么和何为认识？

李君维：何为也是圣约翰大学的同学，在中学就是同学了，他在中学时就有点名气了。何为现在在上海，他的关系在福建，你可以去访问他，蛮有意思的。他现在住的房子就是他青年时住的房子，还能留着，这蛮奇怪的。

李怀宇：我们在中学课本里读过他的《第二次考试》。

李君维：他蛮喜欢音乐的。他的儿子叫何亮亮。何亮亮很聪明。他到香港《文汇报》之后，曾经在北京请我们吃过饭。他蛮有才气的，他没有访问汪道涵，到图书馆查资料，写了一本关于汪道涵的书，汪道涵很满意，只是指出一些技术性的错误。

抗战胜利后的上海风云变幻，在《世界晨报》关门后，李君维考入《大公报》。1950 年，由冯亦代介绍，李君维移居北京，先后在文化部电影局、中国电影公司任职。李君维自述："1949 年后，我所写的小说从内容到文字已不适应时代的号角了，只好收摊。"改革开放之后，重新焕发创作热情，写了长篇小说《名门闺秀》和中篇小说《伤心碧》。2005 年，出版散文集《人书俱老》。

李怀宇：抗战胜利之后，上海的生活变化如何？

李君维：变化蛮大的，纸币贬值，拿了工资以后马上换银元、美钞。

李怀宇：你毕业之后一共上过几个报馆？

李君维：就两个报馆，一个《世界晨报》，一个《大公报》。我比较适合做编辑,现在还可以跟你聊聊,年轻的时候看到陌生人,说不出话来。我不适合当记者。

李怀宇:你后来怎么去了《大公报》?

李君维:我在《世界晨报》做到它关门,大概是 1947 年。后来去考《大公报》。

李怀宇:当时是跟金庸一起考的?

李君维:对,考翻译,就是把外国通讯社的东西翻译成中文。一屋子人考,最后取了三个人:我、金庸、蒋定本。我们都在国际部。

李怀宇:金庸当时什么样的?

李君维:当时蛮普通的。他能力比我强,他有报馆工作经验。我们在一个办公室,上班就说说笑话。后来把我调到本市版,我的顶头上司叫高集。金庸后来去了香港《大公报》,报馆派他去的。

李怀宇:后来你从上海到北京是因为冯亦代介绍的?

李君维:1950 年,是他介绍我到北京来的。年轻嘛,觉得到北京参加革命工作很好。冯亦代是民主人士,1949 年就到了北京。我在文化部电影局当一名干部,写公文,一写好多年。后来就在中国电影公司工作。

李怀宇:1950 年后的几十年有没有想过换工作?

李君维:那时候想得很少,没有办法跳槽。那时换一份工作很难,要通过组织,要服从组织分配。

李怀宇：刚从上海到北京时生活习惯吗？

李君维：不习惯，那时候北京不像一个大城市。生活是渐渐适应的。本来不吃蒜，到了这儿慢慢也吃蒜了。但是我写作的生活都是上海的，因为跟北京的老百姓很少接触，对他们的生活不熟悉。不过在这里我学习了北京话，对我写作有好处。

李怀宇：到北京后为什么不写小说了？

李君维：也不是完全搁笔了。50年代初写过一个中篇《双城故事》，发表在上海的《亦报》，那是一张过渡性的小报。1957年在《新民报晚刊》发表一篇《当年情》，陈子善说这是一个"异数"。

李怀宇：1957年反右有没有受到影响？

李君维：没有，所以说是"异数"。那个十年下放到湖北的咸宁，文化部系统的都下放到那里，有冰心、萧乾、王世襄他们。

李怀宇：在北京交往的老朋友有哪些人？

李君维：交往较多就是冯亦代、董乐山。

李怀宇：《人书俱老》这本书是怎么来的？从书里看出来，你和鲲西、辛丰年这一代人国学的基础深，又吸收了很多西方的笔法。

李君维：如果我们的风格都差不多，可能跟当年看的书、受的教育有关。《人书俱老》是严晓星帮我出的，帮我收集、挑选文章，寻找相应插图，费了不少力。没有他，我根本不会出的。因为年纪大了，也不想发财，也不想出名，只想平静地生活。

李怀宇：你这样年龄，历尽沧桑，是否想写回忆录？

李君维：年纪大了，有时呆坐着会想起往事，往往触景生情，一段一段的，有连贯的，有不连贯的。也有冲动要写，不过我的经历平凡、平常，生活圈子狭小，交友不广，没有什么曲折离奇、惊心动魄的事情好写。当然，一个普通人的回忆文章也很有意思，也可以反映出某个时代的社会风貌。我迟迟未敢下笔，一是怕写不好，这类文章不易写好，二是怕精力不够。话又说回来，我还是很想写，已积累了一些素材，慢慢写吧。

李君维

1922—2015 年，笔名东方蝃蝀，生于上海，1945 年毕业于圣约翰大学。曾任上海《世界晨报》《大公报》编辑、记者。1950 年移居北京，先后在文化部电影局、中国电影公司任职。著有短篇小说集《绅士淑女图》、长篇小说《名门闺秀》、中篇小说《伤心碧》、散文集《人书俱老》等。

何为

——

在光明与理想中编织文学梦

上海陕西南路一幢旧式的房子里，何为先生独自安静地生活着。几十年前，何为就在这所房子住过，一聊起来，我才知道"亭子间"在上海的特别含义，何为所送的《上海滩》杂志上，有《何为：从亭子间起步的散文名家》一文。何为自述："我虽然住在亭子间，却不属于前人住过的那个时代的亭子间，但终归还是亭子间。朋友笑称，亭子间是我青年时代的背景，倒也是事实。在这背景里，我追求光明与理想，学习文学创作，编织堇色的梦。"

何为告诉我，自己现在视力甚差，只能看见人的轮廓，看书写字都困难。谈了一会儿，何为亲手煮水泡茶，手法熟练，几乎不受视力影响，当得知他生活多年的福建与我老家潮汕相邻，关于茶的话题便多了起来。在他看来，佳茗似佳人："我的生活中赏心乐事之一，便是晨起一壶佳茗在手,举杯品饮,神清气爽。一天的写作也常常从品茗开始的。"

早年在上海的生活有太多的回忆,老朋友中李君维在北京,董鼎山在纽约,吴承惠在上海,大家心里只有念想,却不常联系。相识六十年的柯灵晚年有一次曾请夫人拨通电话,戴上助听器,亲自在电话里大声说:"很久不见了,你不来,我去看你吧。"何为马上领会:"这明明是感情分量很重的一次召唤,实际上是要我去一次。"我提起黄裳与葛剑雄在《随笔》杂志上关于柯灵的笔战,何为大感兴趣,细问缘由,又说起此事在柯灵在世时已有笔战。

老伴去世后,何为一个人在上海生活,由保姆照顾。每天生活很简单,常伴的是音乐和好茶,有时候在老房子里两三天都不外出,偶尔到前面的超市逛一下。几个孩子都不在上海生活,大儿子何亮亮是凤凰卫视的著名主持人。

何为从小喜欢文学,1937 年在叶圣陶主持的《中学生》杂志上发表文章《路》。1938 年秋,何为随慰问团前往皖南慰问新四军。回到上海后,何为把皖南之行的见闻写成报道式的散文,1940 年结集出版《青弋江》。在"孤岛时期",何为因写文章相交的作家,有柯灵、袁鹰、董鼎山、徐开垒等。何为在柯灵编的《世纪》《浅草》《草原》和《万象》上发表了许多作品。抗战胜利后,何为作为《文汇报》特派记者到南京报道日军投降仪式,发表了多篇通讯。

李怀宇：童年在家乡定海的生活还有印象吗？

何为：我出生是在定海，我童年的时候就跟父母到上海，那时候大概是三四岁，对定海的生活已经没有什么印象了。60年代我到普陀山，曾经在家乡度过几天。

李怀宇：小时候在上海对外国文学感兴趣？

何为：我对外国文学感兴趣，小时候看外国童话，《格林童话》《安徒生童话》，后来也是在小学订了《世界文库》。我在初中的时候，有一位教国文的李老师，我的作文总是得到他的重视，我们初中跟他在一起两年了，师生关系还是很密切，我在文章中也提到，后来他在反右运动中自杀。我当时十六岁，他二十几岁，很年轻，后来抗战全面爆发了，我就离开母校，和老师没有联系了。我很喜欢外国文学，特别是托尔斯泰，我下放到农村的时候，就看《战争与和平》。

李怀宇：对古典文学的兴趣如何呢？

何为：因为《世界文库》有外国文学，但前面是古典文学，有诗词、古文，都感兴趣。对《红楼梦》，我倒不一定感兴趣，对柳宗元的散文我反而很感兴趣，对唐诗宋词我都很有兴趣。

李怀宇：在圣约翰大学的时候对外国的东西接触多吗？

何为：开始的时候我读新闻系，后来我去中文系的课程里读外国文学史、现代文学，那时候读了些外国文学吧。

李怀宇：你在圣约翰大学待了多久？

何为：我早先还读过另一个大学呢，在大同大学待了一年，才到圣约翰大学，那时候的大学不像现在这样正规。

李怀宇：有些学者谈到从北伐胜利之后到1937年抗战全面爆发之前的上海，文化经济相当辉煌，是不是这样的？

何为：我念小学的时候跟祖父到一些地方，那时候很繁荣。但1937年的时候，淮海路，当时叫霞飞路，没有那么繁华，比较荒凉，近二十年才变化很大，很多高楼建起来。

李怀宇：你从小就喜欢文学创作？

何为：我从小就对文学感兴趣，后来写了一篇文章，叫《路》，在叶圣陶的《中学生》杂志上投稿，想不到发表了，而且放在"青年文艺"栏目的第一篇。这算是文学写作的第一篇吧，这样，我兴趣更大了。在中学的时候，我去了新四军两个月。

李怀宇：怎么会去新四军？

何为：我是在皖南事变之前去的新四军，新四军里边有亲戚，是表哥的一个亲戚，他在皖南和上海之间给新四军提供路线、物质帮助，是地下联络员。因为这关系，我跟一个上海文化慰问团去了两个月，感受生活，也从写作采访出发，回来就写。

李怀宇：当时在新四军的所见所闻有没有印象深刻的事？

何为：当时我写了一本书，书名叫《青弋江》。青弋江就是皖南歙县的一条江，我用这个作书名，写了当时的所见所闻包括采访什么的。在我们去之前，上海就有报纸介绍新四军的情况，所以是很向往、很憧憬的，想去体会一下，感受一下。1939年元旦当地开了个大会，很大的一个食堂，新四军就坐在底下，后来我就写了开会的情况。我们从上海去的，也参加进去，过的是部队的生活。

李怀宇：你在那里和刚从延安过来的史沫特莱交流过？

何为：采访过她，后来也写过文章，她很支持中国的抗战。

李怀宇：太平洋战争爆发之后，对你在上海的生活有影响吗？

何为：那时候我是学生，学习写作，生活当然有影响。在日军的占领下，所谓"孤岛时期"，生活上还是很艰苦的。

李怀宇：什么时候跟柯灵先生认识？

何为：1938 年他编上海《文汇报》，我就向他们的副刊投稿，因为题材的关系，连续在副刊上发表，那时候就认识了，这个联系保持到他去世以前。他编《万象》这些刊物，我都给他写文章，后来我到福建去，都跟他保持联系。

李怀宇：你有没有留意到最近《随笔》上黄裳与葛剑雄关于柯灵的笔战？

何为：我眼睛不好，没法看那么多。据我所知，黄裳跟柯灵在《文汇读书周报》也有过笔战，好多年前，我也看过一些，我也搞不清楚到底为了什么，后来我发现两个人似乎在打笔战，一篇一篇针锋相对，笔锋很尖锐，后来算是握手言和。黄裳到《文汇报》工作是柯灵介绍的。我当然也认识黄裳，但是平时不交往，他这几年还不错，出了不少书。

李怀宇：那时跟李君维、董鼎山和董乐山兄弟的联系多吗？

何为：在圣约翰大学都认识，董乐山在上海，常常见面；我比较喜欢李君维，他经常到我这里来；董鼎山到上海来，也经常在一块吃饭，但平常没有接触，董鼎山是抗战结束以后去留学，就在美国留下的。

李怀宇：你怎么跟你太太认识？

何为：当时我的堂妹跟她是同学，那时是十八岁，后来结婚是经过了十年。

李怀宇：1945 年你去了《文汇报》工作？

何为：我是 1945 年 8 月去《文汇报》当记者，当不长，感触很多，其中一个是日本投降。

李怀宇：做完《文汇报》记者，其他报纸是不是也做过？

何为：有，在当时的上海《联合晚报》当记者。我当记者的时候也不想干这些，想写作。读书的时候也没读好，想写书。

李怀宇：在 1940 年代，你对国民党的看法怎样？

何为：我当时参加国民党的一个报社，叫《前线日报》。有一天，有人叫我填一张表，他说没有关系，就是参加国民党的申请，究竟如何我也没细看，我就说不行，不参加。

1949 年后，何为在上海电影制片厂任文学编辑。**1956** 年，何为写的《第二次考试》在《人民日报》发表，产生了很大的社会反响。以后数年间，被编入全国中学语文课本，收入多种选本，译成几种外语,并被编入马来西亚和新加坡的华文教材,改编成电影和广播剧。1958 年,何为从上海电影制片厂的岗位上支援"福影"而赴闽工作。

李怀宇：你怎么去了上海电影制片厂做编辑?

何为：我对电影比较感兴趣,去参加了当时的上海电影文学创作组。我早年看了很多好莱坞的电影,差不多一个星期看好几次,我念初中的时候住读,每个星期就到电影院去看两次。当时电影很便宜,我们这些学生都可以接受,一般的电影院才三毛钱,最好的六毛钱,第一轮放过以后,第二轮就是三毛,看了很多电影。

李怀宇：你看的都是原版的电影?

何为：差不多都是。

李怀宇：当时在美国上映的电影几乎同步在上海也可以看到?

何为：当时美国的几家电影公司在上海,电影院都是美国人的。

李怀宇：你所做的电影编辑这工作具体情况如何?

何为：看剧本、提意见、讨论剧本,其实我对这个兴趣不是很大,因为我不是很适合写剧本。我和冯亦代一起写过剧本,主要是我写,算是合编吧,就是凭我的兴趣来写这个剧本,后来也拍了。

李怀宇：你当时看了那么多电影，也在电影制片厂工作，觉得1949年前后的电影有什么变化？

何为：1949年之前，从题材来讲，比较反映上海的生活；1949年之后，政治方面的要求高一些。1949年之前，比较有影响的电影都是反映时代、反映生活；1949年之后，因为各种运动，电影题材更多的是呼应当时号召的一些事情。我正式参加电影工作，是为电影编剧，顺应当时的要求，写电影剧本没有像当个作家名气那么响，有些电影很有名，但是编剧并不是很引人注意的。

李怀宇：1955年反胡风的时候，你在上海了解情况吗？

何为：我参加过这个运动，当时大家都要学习嘛，其实组织上早已掌握哪些人跟胡风有联系。我当时在电影文学研究所，检查我，谈不出什么关系来，根本都不认识，更多的情况就不了解，后来看到发表的一些信，我才了解多一些。当时贾植芳、王元化就有牵累，我在解放前就认识王元化，他太太来过几次，解放前是地下党，"文化大革命"就受牵累。我这人政治性不强，反右的时候我也不是主角，我也谈不出什么，每个人都要谈，每天都要开会，我那时泡一壶茶，抽一支烟，很悠然。有时候气氛也很紧张。

李怀宇：你年轻的时候已经非常喜欢音乐？

何为：是啊，更多的是喜欢古典音乐，还有当时电影比较流行的一些歌，比较轻松的。

李怀宇：1956年写《第二次考试》就是跟音乐有关？

何为：对，那个事件是我太太提供的，她在上海合唱团，后来我离开上海她才做资料、图书这一方面。我觉得这故事是个很好的题材，写了三千字，当时《人民日报》主编说最好是不要超过两千字，所以我就从三千字改到两千，因为考虑到字数的精简，所以从整个构思、结构到情节处理变化很大。这篇文章我没想到发表以后影响那么大，我有点骄傲，很得意。甚至有的人向我写了好几封信，问其中女主人公的情况，其实他们弄错了，文学创作允许艺术加工，但是不离开事实。我第一稿写的都是真实的，第二稿才是艺术加工的，如果真的按真人真事去发表，恐怕效果就没有那么好了，这是我后来想到的。我原来不喜欢修改，后来整篇都是修改的。这事情是有原型的，完全是真人真事，但是我没有采访当事人，我又不是写报道，男主人公在上海教声乐，写文章时我就把他的原名简称"苏林"。

李怀宇：当时没有想到《第二次考试》影响那么大？

何为：对，《第二次考试》1956 年发表了，1958 年就选入教科书，初中的语文课本，后来差不多十年包括"文化大革命"期间的教科书都有，但作者名字没了。1977 年全国高考的时候是作为语文考题，让学生改写《第二次考试》，写成八百字的文章。《第二次考试》改编成电影，马来西亚、新加坡都有课文，收到他们华文课文里。

李怀宇：袁鹰是这篇文章的编辑？

何为：通过袁鹰发表的。袁鹰到上海开会，在上海见面，解放以后就没见面，他就说要我写稿，不要以为《人民日报》高不可攀，解除了我当时的一些顾虑。

李怀宇：怎么在那个时期写出那么独特的文章？

何为：《第二次考试》是 1956 年写的，1957 年因为双百方针，上海的政治气氛比较活跃，所以有人评论《第二次考试》是和当时的时代背景联系起来的。

何为在福建期间，曾担任福建省作家协会副主席、名誉主席。晚年，何为回上海定居的寓所是建于 1930 年代的世居老屋。在《新民晚报》"夜光杯"副刊的名人专栏"纸上烟云"上，何为从 1996 年以来发表了百余篇散文。

李怀宇：你去福建是响应号召去的？

何为：当然是被动的，当时是大跃进，要求遍地开荒，全部都要办工厂，华东各省、上海要去支援。我就去了，我去得迟一点，后来他们说其实我不用去了，工厂已经办起来了。

李怀宇：在福建的生活怎样？

何为：福建东南西北差不多都走过了，常住是在福州，工作也是在福州。当时我参加的工作文学，比如说创作学习班，去跟他们谈谈文学创作，看看文章，怎么修改。我就是在这样的情况下写了《临江楼记》。《临江楼记》"文化大革命"结束以后也是在《人民日报》发表的，是副刊头条。

李怀宇："文化大革命"十年在福建怎么过？

何为：当时我跟着人民群众，没有什么事件。亮亮那时才十几岁，就参加了红卫兵，他当时免费到上海、北京走一圈，全国大串联。

李怀宇：你太太受的冲击会不会大一点？

何为：她受冲击比较大，隔离审查，就是因为她曾经参加地下党。什么政治活动都没有，倒简单，我就是没有参加任何政治组织，所以解放以后我也没有受那些运动的冲击，政治生活还是比较平稳。

李怀宇：在"文化大革命"的时候你写文章吗？

何为：都不写了，所以《临江楼记》发表以后，有一些年轻的读者比较奇怪，说是原来散文可以这样写的，他们不晓得散文应该怎样写。我们在"文化大革命"的期间看不到散文，看不到文学作品。

李怀宇：你的儿子何亮亮那时候读书是什么样子的？

何为："文化大革命"开始了，以后就靠他自己自学，后来他是北京中国社会科学院研究生院的研究生。

李怀宇：他在北京的时候跟董乐山、冯亦代这些前辈都有交往吗？

何为：都有，因为我的关系。后来他去香港《文汇报》工作，跟曾敏之认识。我跟曾敏之认识，相处得不错，他年纪比我大。

李怀宇：何亮亮到香港工作后，你去过香港？

何为：去过，十年前香港回归的时候。我两个儿子都在香港，一个是何亮亮；还有一个是何堂堂，这是小名，他搞装修。

李怀宇：你对两个儿子怎么教育？

何为：很难说，我从事文学工作，家里总有一些书，"文化大革命"的时候，亮亮会找书看，后来满足不了他，他就到外面找书看，他完全是靠自学。他从小对新闻事业感兴趣，小学三年级就看《参考消息》了。

李怀宇：后来你怎么从福建回到上海？

何为：我也搞不清楚到底哪一年回到上海定居的，户口也是后来几年才搬迁的。当时所有关系还在福建，其实只是医疗关系，不能转，没法转。

李怀宇：回到上海之后你还是写了好多文章。

何为：后来写了很多，一些没有收进书。这几年眼睛不好，有时候脑子还在活动，但是没有把它写下。

李怀宇：应该找一个人帮忙，你口述，然后由助手记下来。

何为：很多人建议我，但是我不习惯这种方式。

李怀宇：老朋友之间交往还多吗？

何为：交往很少，有事打个电话，上海的老朋友也是打电话。

李怀宇：你觉得散文写作是你一生中最乐意做的事情吗？

何为：我在文学作品上尝试过很多品种，包括电影剧本，还有话剧、小说、诗歌，最后根据我个人的性格、气质、爱好，我比较适合写散文。我写作这么多年，会出现一些灵感，以前年轻，我还可以写,现在不行了。

何为

1922—2011 年,浙江定海人。散文家,福建省作家协会名誉主席。著有《第二次考试》《织锦集》《临窗集》《闽居纪程》《北海道之旅》《老屋梦回》等。

黄庆云

"云姊姊"走出家春秋

"云姊姊,您可好?我是《新儿童》的读者……"离开《新儿童》杂志近半个世纪了,黄庆云还常常应素未谋面的老读者之约,在香港愉快地叙旧。她感到幸福。

《新儿童》是香港有史以来第一本儿童文学半月刊,"云姊姊"是黄庆云的笔名。在动荡的年代,《新儿童》凝聚了东南亚一带无数儿童和家长的心,"云姊姊信箱"解答了许多人的问号,慰藉了幼小的心灵。主编这份杂志时,黄庆云二十一岁,是一个在读研究生,她说:"那时候我办杂志,就像一个学生做功课,来接受老师的考验,拼命把杂志做好。"

2006年香港书展期间,我们来到黄庆云的家里,听她讲过去的故事。

定居香港后，黄庆云和内地很多儿童文学作家还时常联系。她为儿童文学倾注了一生的心血，深信儿童文学本身就是美的教育。"我没有停过笔，现在还写，主要在香港发表。除了写给儿童看，也写一点给大人看的。有些我写了也不用自己的名字。"她用过很多笔名，其中一个是"是德"——"女子无才便是德"。

采访之前不久，黄庆云摔了一跤，病了一场。谈话时，她就斜倚在椅上，看上去精神不错，不忘起身为我们续上冰镇可乐。她的生活习惯是：每天早上起来，运动一下，看看报纸看看书，写文章。正谈间，黄庆云的女儿周蜜蜜也来了。周蜜蜜也是知名作家，是罗孚先生的儿媳妇。黄庆云和周钢鸣共有四个孩子，儿子在广州，两个女儿在美国，周蜜蜜在香港。

周蜜蜜就住在附近，常来照顾。黄庆云说："家里有个佣人帮忙，我一个人住。原来我妈妈和我一块住，后来搬到姐姐那儿了。""您的妈妈还健在？""我妈妈今年一百零六岁了。"

黄庆云生于广州，幼年在香港，十一岁返穗，入初中。因成绩优秀，十二岁跳班读高中，十五岁考入中山大学文学院。广州沦陷后，随学校迁往香港，借香港大学课室上课。1939年大学毕业，出版《民族诗人屈大均》。随后考取岭南大学研究院儿童文学研究生，1941年，黄庆云的论文导师曾昭森教授创办《新儿童》半月刊。从此，黄庆云主编《新儿童》，以"云姊姊"为笔名，主笔"云姊

姊信箱"。

李怀宇：你小时候在省港两地都生活过，为什么从广州到香港？

黄庆云：我有一个姑妈黄碧云最早学习马列主义，和陈独秀是好朋友，她到苏联开过会，办过中国第一个女子职业学校，1920年代初在广州被国民党枪毙。我们家里当时就很怕事，爸爸妈妈来到香港，我就跟着来了。我在香港度过童年，直到读中学才回到广州。中学是国立中山大学的附属初中，读了半年之后，再考中山大学附属高中，跳了两级。

李怀宇：高中考的是甲科？

黄庆云：我以为甲科一定好过乙科，谁知甲科是文科，乙科是理科。后来考上中山大学中文系，读了三年之后，日本人打到广州，我来香港读了最后一年，借香港大学的课室上课。

李怀宇：你读书的时候学过国画？

黄庆云：我和高剑父学过国画，中山大学请他教画画，选他的课是没有学分的，实际上高剑父也很少来上课。后来我们到春睡画院学画，见我是女孩子，也都欢迎。有一次，高先生请我们到北园饮茶，他说："大家来作诗。"我作得很快，他就很喜欢，说："你能作诗，不学画可惜，我来教你。"他对我很好，但是那时候抗战，没有心思慢慢学画。虽然没学成，但是学国画对我后来审美有很大的好处。

李怀宇：什么时候开始研究屈大均？

黄庆云：我是 1939 年毕业，毕业论文是研究屈大均的。这个论文还没写完，就在香港杂志上登了一部分。我毕业后继续读研究生。

李怀宇：在读研究生的时候主编《新儿童》杂志？

黄庆云：《新儿童》的社长是曾昭森先生。在香港办了十四期。

李怀宇：曾先生怎么会找你来主编这份杂志？

黄庆云：他是我的指导老师。

李怀宇：就你一个人负责编辑？

黄庆云：文字是我负责。另外有一个同学业余帮帮发行的事。

李怀宇：省港两地都发行？

黄庆云：不只是省港，南洋都发行，美国、加拿大都有少量。

李怀宇：曾昭森先生是《新儿童》的社长，他主要负责什么？

黄庆云：他做很多工作。他自己没有子女，没有借别人的钱，用大学的工资来帮《新儿童》。当时《新儿童》上有"教师之页""父母之页"，他也在《新儿童》上写稿，请一些老先生写稿。

李怀宇：曾先生自己研究什么？

黄庆云：研究教育，他很信仰杜威的理论。他觉得《新儿童》可以体现杜威的教育思想。我当时看了一部杜威的著作，邹韬奋写的序言，他说："以前的教育思想是'灌输'，只有杜威提出'启发'。"我就很喜欢。中国先进的教育家陶行知、胡适都是杜威的学生。现在看来,《新儿童》当然有很多不足,但是提倡认识儿童本身的价值,怎样培养儿童创造性,都是比较合适的。

李怀宇:当时你为什么用"云姊姊"这个名字?

黄庆云:开始不是用这个名字,有一个姓朱的女读者,第一封信写来提一个问题,就是写给"云姊姊"的,我就干脆用了这个名字。

李怀宇:每天会收到多少读者来信?

黄庆云:大概每天几十封吧。

李怀宇:有没有时间一一回信?

黄庆云:没有时间,在其中选一些有代表性的信。有时问一些科学的问题,我不懂,就请别人帮助回答。有些人讲心事、讲理想,有些人病了,就写信告诉我们,我就写信安慰。

李怀宇:这么多工作,当时能应付得了吗?

黄庆云:当时的时间很紧张。我还在读研究生,这个研究生属于学校补助钱的,规定每天要拿两个小时来帮助老师,收集资料、改学生作业。另外要编杂志,还帮青年会教儿童。很忙,但是可以应付得了。

李怀宇:许地山先生也为《新儿童》写过稿子?

黄庆云:第一期他就写了。当时他是香港大学中文系主任,好像还是文学院院长。以前我们是借香港大学上课,香港大学白天上课,我们晚上上课。我没有听过许地山先生的课,但是因为办杂志就有了交往。

李怀宇：许地山先生的风度如何？

黄庆云：他有学者风度，很平易近人。他原来是学印度文的，有了《新儿童》之后，他就觉得找到一个地方可以发表儿童文学。他很忙的，但是热情写稿。当时香港大学很守旧，教的是文言文、四书之类，许先生来了之后，一直在香港大学推行新文化。所以他挤出时间来写儿童文学。每次都叫我上去收稿的，每次都会和我谈他创作每一篇稿的过程。大概写了两期就去世了。以后他儿子就用"未成熟的落花生"的名字来写稿，后来人家告诉我，他儿子这么小，应该是他夫人写的。一直到现在他儿子跟我都有来往。

在《新儿童》出版十四期之后，太平洋战争爆发，香港突然沦陷。黄庆云和香港一些文化人匆忙坐了一只小船，偷渡到澳门，《新儿童》被迫停刊。1942 年春，黄庆云从澳门到了大后方桂林，积极筹备复刊。《新儿童》受到田汉、欧阳予倩、熊佛西、丰子恺等文化人的支持，在全国发行，发展了近千名通讯员。1944 年 9 月，日本南侵，桂林失守，《新儿童》再度停刊。抗战胜利后，《新儿童》在广州复刊，宣传和平民主。1946 年，广州国民党当局勒令《新儿童》停刊，黄庆云把杂志搬到香港继续出版。

李怀宇：1941 年香港沦陷，《新儿童》第一次停刊了？

黄庆云：香港是圣诞节沦陷的，我记得那天我们搬到炮火没有那么厉害的地方，晚上我还在和小朋友讲着故事，小朋友就在那里祈祷："有和平，没战争！"

李怀宇：香港沦陷时你毕业了吗？

黄庆云：研究院未毕业。后来到了桂林。

李怀宇：在桂林如何恢复《新儿童》？

黄庆云：我们带去的《新儿童》，筹款来复刊。还办了一个儿童剧场，演出两个剧目，一个是《中国小主人》，一个是《国庆日》，都是抗日题材，很多名作家支持，田汉的女儿田玛莉、孟超的女儿孟健都担任小主角，她们只有十来岁，感动了很多人流眼泪。大家通过演出认识了《新儿童》。

李怀宇：丰子恺先生当时和《新儿童》的感情很深？

黄庆云：丰子恺不是很长时间的交往，他的女儿丰一吟来往多一点，她为《新儿童》写稿，她是"儿童通讯员"。像个"儿童世界"！

李怀宇：那时桂林是后方，要不要跑警报？

黄庆云：要的，桂林常常有警报。那里有很多山洞，就跑到山洞里。我的第一件事是把稿子带上。在桂林出版的时候非常辛苦，环境很差，举个例子，印刷的纸是用草纸，有很多洞，我们要仔细地挑选，几乎每一张都要看一下。印刷的条件很差，但是工厂的工人很欢迎我们，他们童年也没有机会读很多书，也喜欢看《新儿童》。

李怀宇：什么时候认识周钢鸣先生？

黄庆云：在桂林的时候认识，他是广西人。

李怀宇：他那时候已经是共产党员？

黄庆云：他很早的时候就入党了，好像是 1934 年在上海就入党了。

李怀宇：1944 年 9 月桂林失守之后，处境是怎样的？

黄庆云：我们就跑到后方，到李济深家里，在一起的还有柳亚子、李铁夫，住在广西的乡下，日本人打不到那里。

李怀宇：抗战胜利后，就从后方回到广州？

黄庆云：那时候我们很天真，一胜利就很开心。那时候提出建立联合政府，要和平民主，我们在《新儿童》介绍各个党派，国民党、共产党都介绍。在广州出了两期，国民党就下令："无出版之必要。"全部封了。这样，我们又回到香港。

李怀宇：在抗战胜利之后，广州的文化界普遍上对国民党怎么看？

黄庆云：那时候的知识分子大部分都心向共产党，只有很少数的人对国民党还心存希望。高压都压不住。《新儿童》被迫到香港办之后，开始还不让我们在内地发行。

经过战火锻炼，《新儿童》的编辑思想有了转变和提高，内容更接近社会，大量发展儿童通讯员，组织了各地通讯员联谊会。

《新儿童》的影响远及东南亚和美洲。1947 年，黄庆云得了助华协会的奖学金，到美国哥伦比亚大学师范学院研究院学习，第二年获硕士学位。

李怀宇：抗战把你的研究生学习打断了，胜利后有没有读完？

黄庆云：没有，研究生就差半年，但是没有再读了。

李怀宇：1947 年如何拿到去美国留学的奖学金？

黄庆云：抗战时有很多美国人办援华会，其中有一个叫助华协会，由史沫特莱办的，史沫特莱是名记者，介绍延安，写过朱德。助华协会在中国主要通过陈翰笙工作。

李怀宇：陈翰笙很长寿，活了一百零八岁。

黄庆云：助华协会每年选十个人到美国读书。当时美国那边斗争也很激烈，觉得不能每次选国民党的人去留学，可以公开申请，条件是大学毕业五年后还是从事儿童福利工作的，我就写信申请。他们就派了奥克澜教授夫妇来中国面见每位申请者，来香港找我谈，谈得比较融洽。那时候《新儿童》的环境很简陋，连一个书柜都没有，他来了看到这个样子，很开心。后来，美国把十个名额降到六个，我就是其中的一个，到了哥伦比亚大学师范学院。在美国，我就住在奥克澜教授家里。奥克澜教授和很多中国人很好，像雷洁琼、冯玉祥。

李怀宇：哥伦比亚的硕士只读了一年？

黄庆云：因为我读过研究生，可以把学分带过去，所以一年就完成了硕士学位。在我之后,这个奖学金就没有了。

李怀宇：哥伦比亚大学的校园生活怎样？

黄庆云：我在哥伦比亚大学时,他们对我是另眼相看的。我当时思想很天真,常常讲："我不是来读学位的,是来学东西的。"读书就选我喜欢的东西。后来我的教授对我说："我不知道你们中国有多进步,我们美国觉得学位很重要的,因为是一个资格。"我说："有很多必修课要修,浪费我的时间。写论文也很浪费时间。我宁愿多读一点美国的书。"教授说："必修课一定要读,另外特许你到处去参观。"

李怀宇：参观些什么？

黄庆云：参观所有的儿童剧场、儿童图书馆,凡是有关儿童的活动,我就去参观、做报告,代替论文。这样就不用花很多时间去钻研一个问题。哥伦比亚大学也请我去讲中国的儿童文学,还给我一点钱,因为他们觉得中国没有什么儿童文学。后来我的成绩还可以,拿到硕士学位,还得了金钥匙。

李怀宇：在美国还见到老舍、陈翰笙这些人？

黄庆云：美国有一个学生组织,都是思想比较进步的学生。每两个礼拜就请一些研究中国问题比较出名的人来讲演,譬如陈翰笙、冯玉祥、老舍、史沫特莱。老舍是去访问的。冯玉祥是反对内战的。陈翰笙和我很熟,他和夫人一起去美国,他好像是第三国际的。

李怀宇：当时的留学生聚在一起讨论中国的形势多不多？

黄庆云：很多。当时的留学生当然非富即贵的，但是大家聚在一起都是反对内战的。所谓反对内战，当然大家都觉得国民党做了很多野蛮的事情。当时有一位金陵女子大学的校长来做报告，讲到学生游行时被打，大家听了都很气愤。

李怀宇：你在美国读书这一年，《新儿童》还有没有出版？

黄庆云：有，我回到香港还是在《新儿童》，一直做到解放回广州。

李怀宇：怎么会回到广州？

黄庆云：香港是暂时的嘛。那时充满理想，大家想回来尽一番力。

1959 年，黄庆云调离《新儿童》，到中国作协广东分会当专业作家，还是以写儿童文学为主，作品被译为英、法、德、日、西班牙版本。"文化大革命"期间，周钢鸣和黄庆云夫妇经历风雨洗礼。

李怀宇：什么时候和周钢鸣先生结婚？

黄庆云：1950 年底在广州结婚。后来周钢鸣调到广西当省文化局局长、省文联党委书记，我跟着到广西，住到 1955 年回广州。《新儿童》在广州还出，还让我当主编，在这种情况下调到广西，开始还用《新儿童》这个名字。后来中南局要将《新儿童》搬到广州，由共青团接办。

李怀宇：**1955 年回广州时正是胡风集团事件，当时广州受影响大吗？**

黄庆云：影响大，无辜出现了很多胡风分子。那些人连胡风都不认识。

李怀宇：**回到广州之后，《新儿童》有什么变化？**

黄庆云：后来广州就将《新儿童》改成《少先队员》，当时团委跟我讲，我还觉得很光荣！1957 年反右时，说《新儿童》强调文艺，强调文艺当然是我的思想之一，当时批得很厉害。1959 年我就调到中国作协广东分会当专业作家。

李怀宇：**在作协的工作怎样？**

黄庆云：在作协当作家时，我整天下乡，很听话的。"文化大革命"时回广州，后来就去了干校，我一下子调出来创作，一下子调去劳动。

李怀宇：**周钢鸣先生在"文化大革命"时受到很大冲击？**

黄庆云：当时凡是机关的头头就是众矢之的。他当时是广东作协党委书记、副主席。但是，可能他的为人比较好，所以那些人对他没有那么差。我在干校回来之后，那些人陆陆续续回来，周钢鸣比我迟很多才回来，成天写检讨。

李怀宇：**两个人见面的机会多吗？**

黄庆云：他在他那队，我在我这队，偶尔见一下面，也不敢讲很多话。周钢鸣那时跟我说："将来受害的还是青年。"初时我还不是很明白这句话。为什么做那些很封建的事？我这个人很讨厌封建的。我参加革命的原因就是：封建使我觉得是一件很丑恶的事。可能我自己出身在一个破落的大家庭，好像《家》《春》《秋》那样。怎么有这样的人呢？那时候很多事情很反常，人又没有书读，我觉得这样很不对。那时候不知将来会怎样。

李怀宇："文化大革命"结束之后生活怎样？

黄庆云：个个都官复原职，除了一些人。周钢鸣精神很差，1981 年就去世了。广东可能还不是"文化大革命"的重灾区，我记得陈残云到北京开会时，很多人上去诉苦，本来他也想去诉苦，后来他说："不诉了，还有很多人比我们更惨。"

　

黄庆云曾担任国际笔会广州分会副会长、中国作协广东分会副主席，和秦牧、曾敏之、黄谷柳、黄秋耘等均有深交。**1989** 年，黄庆云赴香港定居。当年《新儿童》的编者和读者，都已年华渐老，但至今情谊尚在。

　

李怀宇：你和广东哪些作家交往多一点？

黄庆云：和秦牧熟一点，紫风是我的同学。秦牧夫妇为人都比较好。

李怀宇：和黄谷柳交往如何？

黄庆云：我认识黄谷柳是在香港的。他很单纯，解放后回到广州就写《渔港新事》，全是事实，但是结果都不让他讲，以后，他写的每篇都是"毒草"。他将自己的钱全部交给组织,不要了,觉得不应该私有,这样都受到批评。

李怀宇：欧阳山呢？

黄庆云：比较严一点,成天想改造人。

李怀宇：是不是很多年后还有一些读者想找"云姊姊"聊天？

黄庆云：这种情况很多,有一次,我到图书馆演讲,有一个读者告诉我："我等了几十年见你一面,帮我签个名。"有个美国的女作家来广州,人家问她来做什么？ 她说："我想见两个'云'：一个黄秋耘,一个黄庆云。"

黄秋耘是国际笔会中国广州笔会的会长,我是副会长兼秘书长。他起初在香港是很有钱的家庭,后来参加革命,做地下工作做得很出色。但是他很喜欢文艺,他很伤心,所以他的作品都是"淡淡的哀愁"。他是很有才华的人,为人很真实。他和我的性格完全不同,但是我们关系很好,我也很理解他的快乐和哀愁。

李怀宇：有没有想过为什么那么喜欢创作儿童文学？

黄庆云：我小的时候可能受一些书影响,安徒生之类,后来编杂志的时候,读者真的很热情。到现在为止,他们在广州还组织一个《新儿童》的读者会,香港的、广州的,有些人已经七八十岁了,聚在一起回忆旧时的日子。还有很多人受《新儿童》的影响,后来成为儿童文学作家,这些人都很热情。

黄庆云

1920—2018 年，广州人。1939 年中山大学文学院毕业，1948 年获美国哥伦比亚大学师范学院硕士学位。1941 年开始从事儿童文学创作，主编《新儿童》杂志，设立"云姊姊信箱"。曾任中国作协广东分会副主席、国际笔会中国广州分会副会长。著有《云姊姊信箱》《幼儿诗歌集》《奇异的红星》等，作品被译为英、法、德、日、西班牙版本。

黄宗英

在爱情与写作中永葆青春

　　第一次打电话给黄宗英是在 2005 年 7 月 13 日。这一天，是黄宗英的八十岁生日。这一天，黄宗英就躺在上海的医院里，通电话时，她说："我刚吃完生日蛋糕。"那时候，《纯爱——冯亦代黄宗英情书》刚刚出版，在情书中，冯亦代和黄宗英互称"爱得永远不够的娘子""恩恩爱爱的二哥哥"，引人联想到鲁迅与许广平、徐志摩与陆小曼、郁达夫与王映霞、沈从文与张兆和、梁实秋与韩菁清的情书，而冯黄二人的年龄最高。

　　从此断断续续收集黄宗英的作品，渐渐觉得她与郁风的文章有异曲共工之妙：画面感很强，郁风笔下如画，而黄宗英写得像电影。写得最好的是纪念阿丹的那几篇，赵丹在黄宗英眼里，是一个大男孩，一个执着得可爱的艺术家。在没有阿丹的日子里，黄宗英曾经迷惘过,幸好让她遇上二哥冯亦代,此时的二嫂郑安娜已经去世。在冯亦代倒霉的时候,赵丹每次到北京总要带黄宗英去看看二哥二嫂。黄昏恋后,归隐书林,冯亦代在黄宗英眼里,是另一个大男孩,一个执着得可爱的学问家。婚后,由于相互影响,两人的文章无意间也发生了变化,冯亦代变得活泼些,黄宗英变得理性些。

真正见到黄宗英是在半年多以后的春天,她依然住在上海的医院里。在电话里,她爽快地说:"你可不要带些没有用的东西来,破费。"不带鲜花,不带水果,带来一本书,她笑了。

八十一岁的黄宗英比想象年轻。满头银灰却没有老态,聊到开心时,会禁不住笑,有一次,笑得眼泪都流了出来。"压缩性骨折,一动也不能动,要静养一段时间。腿没有了,像刚生下来的小宝宝一样。"她细心地介绍自己的病情,相信已经复述过好多遍了。"现在恢复腿的功能,每天下午两点钟锻炼到三点多钟,在康复科骑自行车,上步行器,做全身的运动。恢复得很慢,跟退化在对着干。"

聊起在北京的丁聪、黄苗子、郁风,她饶有兴趣,这些人是她和阿丹、二哥共同的朋友。而回忆在天堂的阿丹和二哥,她豁达从容。她爱讲故事,也会讲故事。当她主动讲起和周恩来的故事时,周围静得仿佛只有岁月长河的留声。

1947年，赵丹三十二岁，黄宗英二十二岁。赵丹和导演陈鲤庭在朋友的书桌玻璃板下边，看见黄宗英的照片，说："我们找的就是这双眼睛。"他们调来黄宗英的处女影片《追》，看完之后，把黄宗英从北京请到上海，和赵丹合演《幸福狂想曲》，他们演一对恋人。影片停机，演员将分手时，赵丹忽然孩子似地对黄宗英说："我不能离开你，我们不可能分开了，你应该是我的孩子。"于是，《幸福狂想曲》变成"幸福进行曲"，黄宗英变成赵丹的妻子。1980年10月10日，赵丹去世。

1993年7月13日，黄宗英六十八岁生日。八十岁冯亦代给黄宗英写信："今日娘子千秋，小生祝青春永葆，青春永葆，青春永葆：'恨无彩凤双飞翼'前来祝寿；'心有灵犀一点通'娘子笑纳。今天你怎样过你的生日呢？我的信如期到了吗？你看了心头觉得有温馨吗？花篮有没有如期送到？……终身厮守，吾复何求？我想七月七日的长生殿也不过只是我们忘情的万一，三郎是比不上二哥的。"这时候黄宗英住在上海，冯亦代住在北京，两人书信不断，最多时一天要写三封信。1993年底，冯亦代和黄宗英结为伉俪。黄宗英说，两人婚后像生活了几十年的老夫妻一样，过得安静幸福。2005年2月23日，冯亦代去世。

李怀宇：我原来不知道赵丹曾经学过国画，他晚年很喜欢画画？

黄宗英：不是很喜欢，戏少书画多。他是一个画痴，但是这种喜欢是无奈的,他演不了戏。当演员的时候他没法画画的,真正拿起画笔,是在拍摄《李时珍》的时候,他在山区,翻山越岭地画一些素描回来,他是学山水的。后来他在家里老画画。

李怀宇:他晚年说:"字比画好,画比戏好。"据说他十岁就给店家写匾额了?

黄宗英:八岁就写了。他加入中国美术家协会的事,是黄苗子和郁风给张罗的。他也没在意这些协会什么的,结果批准他成为中国美术家协会会员的时候是 1980 年 10 月 9 日,把这个证送到的时候已经是 10 月 10 日,他走的那天。他自个儿没有看见。

李怀宇:他还是潘天寿、黄宾虹的学生,在家里画画是什么样的?

黄宗英:他在家里头拿起笔,高兴的时候就画。可是我们一不演戏就搞运动。赵丹是一个大男孩子,我们家里有七个孩子,七个孩子都长大了,就他这第八个孩子没有长大。一直到濒临死亡他还是孩子气,不是要展览他的画吗? 把他的画调到北京医院的客厅里头,他自个轮椅推出来,看他的画,他就嘟囔半天,他小儿子领悟了,爸爸要跷二郎腿就说自个的画好。那时候离死没有几天了。

李怀宇:他晚年一直想演鲁迅?

黄宗英:想的,想演齐白石、想演阿 Q。最后都没有机会,遗憾。

李怀宇:他为了演活鲁迅,在生活里就进入角色了?

黄宗英：他演什么东西，都进入角色，进入得你无可奈何。演小广播的时候，每天脏兮兮的。

李怀宇：从他的作品看出来，他有学养，读书也多。

黄宗英：他还要踢球、打扑克牌、打弹子、游泳、旅游，所以他真正读书的时间不多。可是我每次都很生气，我看过的书，看完了就看完了，他看完的书对他都有用的。他平常看的书比我少，可是他看什么书都有用的。因为他做每一件事都比较专一，我做每一件事都不太专一。

李怀宇：结婚的时候不知道他画画的吗？

黄宗英：不知道。那时候也没个人说他画画的。我跟他结婚好久了，夏天快到了，我就把箱子打开晒晒，看见一些素描画，什么人物调度、舞台装置图、镜头画面构图，我说："哟，这是谁画的？"他说："我画的呀。不成体统，我起草的。"我说："你还会画画？"他说："我是学画的，我七八岁就开始画画。"我说："喔，我不知道。"

李怀宇：他自己原来也不说？

黄宗英：他也用不着向我坦白历史。

李怀宇：后来你跟冯亦代结婚之前，有人问你："他以前都担任过什么职务？"你说："闹不清。"人家笑你："滑稽，连人家职务都闹不清就嫁？"你驳她："够清楚了。难道还要政审？反正是好人。"

黄宗英：是啊！不问的。说到就说，不隐瞒的。

李怀宇：也不知道他以前搞翻译那么厉害？

黄宗英：不知道。知道他是好人！我就知道赵丹是好演员，别人跟我说他哪个戏演得怎么怎么好。人家说冯亦代在《读书》杂志二百期上一期不落地写，再说他以前干过什么，我都不知道。

李怀宇：我看了《纯爱——冯亦代黄宗英情书》那本书，觉得很奇怪，你们俩年纪那么大了，还写那么情意绵绵的信。

黄宗英：（大笑）我是说等我死了之后再发表，应红（《纯爱——冯亦代黄宗英情书》责编）一定要给我发表。

不对，人也是动物，动物在它活着的时候都有爱情的。老了，临终了，很多动物的繁殖是在它死亡前的大彩排，什么鱼啊、虫啊、蝴蝶啊，临死的时候有一个狂欢的舞啊、性交啊。人既然是动物，就不用怀疑九十岁的人会这样。

李怀宇：他写的那些情信就像热恋中的年轻人写的。

黄宗英：他让我每封信的邮票，斜角贴是"我爱你"，反贴是"我恨你，不理你了"，贴这儿是什么意思，贴那儿是什么意思，我说："二哥，你别让我费脑子了吧，我怎么会记得呢？下回我贴错了，我再也不理你了，你又着急了。"像个大孩子似的。

李怀宇：从书里可以感觉到，你们"归隐书林"后，你从冯亦代这个学问家身上学到很多东西，而你对他也有影响，你的文字中起承转合有时不按文法，显得更加俏皮，更加幽默，冯亦代以前学者型的写法在情书中也发生了很多变化。

黄宗英：冯亦代是我的第一读者，有时候他给我改句子，说我有语病，有时候我反抗，这是我的特色，我不能每个句子都合乎文法。我嫁给他之后，他的文风也有所改变。本来生动活泼不在他的思考过程之内，后来，他也挺顽皮的。他每天早上五点多钟就起来写东西了，我六点钟起来，基本上可以跟他打岔，构思已经完成了。我们七点钟吃早饭之前，他已在写了，早上八九点钟他的文学事业已经告一段落了，可以翻报纸了。

李怀宇：你也是他的第一读者，有没有向他提意见？

黄宗英：有提的。我说你的文章里我看不懂的，你就不能够pass。我总算是个知识分子吧，知识分子都看不懂啊。他翻译的东西多了，有倒装句，"欧化"的语言。"欧化"的被我给"融化"了。

李怀宇：冯亦代先生在《读书》写的文章曾经为我们打开了一扇了解西方的窗户。

黄宗英：在这方面做一个带头了。我知道他译东西、写东西，《读书》我订了，我认识他的。每次到北京都和赵丹去看他。没有那根筋！

李怀宇：你们好像是在1949年以前就认识了。

黄宗英：不认识。冯亦代说认识我，跟我说了三个地方第一次见我，在后台，几几年，我说我根本没有到重庆去。第二次说，在北京的后台见过我，我说你说的那个戏和那个年代，我恰恰不在那儿。第三次也对不上。回想起来的幻想，可能是别的女孩子，回忆不准确。

李怀宇：我问黄苗子和郁风第一次认识的情形，他们俩说成

两个版本。黄苗子记得是和郁风在叶浅予家见面的。晚上,郁达夫来了,黄苗子没有发现他带着侄女郁风来,就说:"达夫,你管管你的侄女啊!"郁达夫答道:"你瞧,我带她来了!"郁风记得的是郁达夫带她去霞飞路的漫画俱乐部,黄苗子跟张光宇、张正宇、丁聪、叶浅予他们在一起。

黄宗英:现在我哥哥总说:"我妹妹十五岁,我十九岁,兄妹卖艺江湖。"我说:"大哥,我十六岁才出去演戏的。"他说:"那不可能,你十六岁我就不可能是十九岁。"我说:"大哥啊,我十五岁你可能是十九岁,我十六岁你也可能是十九岁。"他说:"这个算术题我做不懂了。"我说:"我反正是1941年演戏,我是1925年生的,这是不可更改的。"他说:"你十五岁我十九岁,这是不可更改的。"于是现在两个版本,我自个写就十六岁,他写我就写十五岁。

李怀宇:那时候初到上海吃住都在黄佐临先生家里?

黄宗英:那是太平洋战争以后。那时候没用过冰箱,见也很少见过。晚上,我们在黄先生家里打开冰箱,灯就亮了,当时心想:"糟糕了,要爆炸了。"

李怀宇:黄佐临是先学经济,后来改行学戏剧;赵丹是先学绘画的,后来演戏。那时候真是上海电影的黄金时代。

黄宗英:国难当头的时候,总是有一批人有志于向往光明。

1941年初秋,黄宗英应长兄黄宗江信召到了上海,在黄佐临

主持的上海职业剧团打杂，不久在《蜕变》中代戏上场，就此当上了话剧演员。此后，黄宗英主演《甜姐儿》等青春剧，渐成 1940 年代的红星。1950 年代，黄宗英演戏渐少，尝试提笔写作。1960 年起，黄宗英开始深入农村生活写报告文学，作品有《特别的姑娘》《小丫扛大旗》等。在周恩来的关注下，黄宗英所写报告文学的主人公侯隽与邢燕子成为一代知识青年的楷模。

李怀宇：我发现你的文章画面感非常强，像电影一样。什么时候开始想写起文章来？

黄宗英：我只会写真实的故事，不会巧妙的构思，很笨的。我本来就是演员，解放以后在上影的演员剧团，女演员基本上演不了戏。我也演不了戏，主要是觉得我的气质上过了关，演不了工农兵。工农兵没有我这样，到现在让我演普通老妈妈我也演不好。除非大改行，演一个很坏的女人。解放后主要是工农兵题材。我想，我演医生、护士、教授都可以。我没戏演了，就在稿纸上哗啦哗啦写点东西，剧团里有四个老大姐，说你写这四个老大姐吧，我就写了。后来，我就常常写点外国的诗人、作家来访的事，很短小的文章。反正我不看见什么不会写什么。我是在 1953 年 12 月生了我的第一个孩子，给了两个月的产假，我就好像发了一笔横财似的。两个月不用去上班，开心得要命，躺在床上，没事我就拿纸写了《平凡的事业》。写医护人士，因为我是管上海剧影协会妇女福利部的，参加了两个托儿所的建设和管理，我写托儿所里一个小姑娘不愿意干保育员的工作，最后思想搞通了。

李怀宇：自己主动地写作之后，有没有让你去正规地学习？

黄宗英：我写得很用功，很苦，但是很糟糕。上面要把我重点培养成剧作家，让我到北京参加剧作讲习班，那是 1954 年。我们南南北北，同班的同学有白桦等很多人，也很开心，因为一天放两部电影给我们看，看得头都疼了。陈荒煤说："头疼也得看。"看得人物都串了。还有老师来给我们讲课，有王朝闻等老师。挺好玩的，因为我小时候是在北京长大的，到那边去，觉得上课听讲很有意思。我就在班上交出坐月子时写的剧本，一稿就通过了。大家向我道喜，说没有一稿通过的剧本。主要是题材很新鲜，后来因为各种各样的意见，这么改，那么改，改完了导演再改，我说："你爱怎么改怎么改，我一点法子也没了。"等那个电影上映的时候，我那个月子里生的姑娘已经五岁了。

李怀宇：怎么会到农村深入生活，写起报告文学？

黄宗英：后来电影生产，因为没剧本就号召写点艺术性的纪录片。当时大跃进，《人民日报》头版头条我都非常注意，要反映什么我都跟得很紧，自己觉得非常渴望给我任务，至少在创作上非常听话。那时候我们下去写纪录片，我很开心。我就选了去写邢燕子，就是回乡知青在河北省宝坻县，送我去的是一个姓杨的干部，路上没有道儿的，他让我坐"二等"，什么叫"二等"呀？就是坐在自行车的后边，我说这我可没有坐过。坐上自行车的后边，后来我知道是二十五里路。到了半路上，我说："老杨啊，我求求你，不要让我坐'二等'了，我要坐'头等'。"他说："大男车，二十八寸。"我说："没关系，我腿长啊。"我就骑了车到邢燕子的村。我跟她们住在一个炕上玩，我那时候也很能吃苦的，我一米六九高，大概那个小房子的炕一米六七长，我必须曲起腿来，脑袋才不至于伸到炕的外头去。我采访也不拿笔记，跟他们一块拿锄头去锄地，浇水。因为没有语言障碍，我们在一起玩得很开心。大娘们都喜欢我的，我跟人家真打成了一片了。跟她们出去干活，她们也不说话，也不喝水，我是一干活就出汗，我说："你们也不喝水？"她们说："你要喝水，我给你刨个坑就有水。"我说："我不喝。"很热的天，下很大的雨，下完大雨所有的姑娘都往外跑，我说："干什么呀？"全村都向大蒜地里浇水，他们说大蒜地里的水下完雨是烫的，不浇上河里的凉水大蒜会被烫死的。这事我不到农村绝对是不知道的。

李怀宇：写完邢燕子的事，又写了侯隽的事。

黄宗英：我回来后，想怎么把邢燕子构成一个戏，我就写了一个散文。往县里走，想先回去汇报汇报，他们说："我们这儿还有一个姑娘侯隽很特别的。城里来的高中毕业生，自己来的。"我说："我去看看她吧，在她那儿住几天。"他们说："你可不能在她那儿住，她那儿只有三根筷子，天天啃窝头、吃咸菜，你要去的话，得自己带粮食去。"我心想这姑娘这么苦，我就去了。去到那儿，全村人都知道她，说："大姐，你快写写她，让上级把她调走吧。她太苦了，我们庄稼人再苦也没有她苦。"后来我看了她的灶，果然只有三根筷子。那时候我还带了一个伴儿，我把县里送我给的面粉、油放下来，我们还到生产合作社买了锅盆碗筷，又买了一点菜、两斤肉回去。乡亲们都说："这回好了，这回侯隽有指望了。"我还买了两张纸，写上：苦中自有乐，乐在吃苦中。横批是：勇往直前。跟玩似的。

回来以后我就写了《特别的姑娘》，影响就特别的广，都夸写得好，打动了好多年轻人。我就把这些事告诉周恩来总理。总理就说："我正好要给高中生做一个报告，我把这个典型的故事说给他们听。"我想我还没有到她学校去过，也没有到她家庭去过。这一讲事就大了。我就打了一个电话，那边就说："你放心，总理的人已经到了侯隽那儿了，已经住下了。"本来号召：广阔天地，大有作为。这时候，好多年轻人就到广阔天地去，说这文章起的作用很好。那时候是"四个亿买了四个不满意"。家长不满意，青年也不满意，就别人对我的文章很满意。到后来我都不敢到知识青年集中的地方，我怕他们揍我！

1950 年，二十五岁的黄宗英成为世界和平代表大会中国代表团最年轻的代表，回国后，周恩来专门请她到家中面谈。此后，黄宗英曾多次见到周恩来。她说："以后，我又多次见到周总理，每一次他都要我讲故事，讲一讲我都看到了什么，去了哪些新地方，结识了哪些新朋友。现在回想也如在童话里，在梦里。"在周恩来

逝世三十周年之际，黄宗英又一次回忆往事。

李怀宇：你和周恩来总理曾多次见面，几十年后回想起来，有什么特别之处？

黄宗英：我想说一说，我的很多事跟周恩来总理有关系。"文化大革命"之后我基本上不写，为什么呢？我觉得如果现在我们还是以赞美的笔来写领袖的话，我们在灵魂上仍然是做"臣民"和"子民"，不是"公民"。如果不是"公民"，我们灵魂上的封建王朝就还要继续。

李怀宇：第一次见面还有点传奇色彩？

黄宗英：我跟周恩来是这么认识的，1950年，世界和平代表大会。我那时候在外面不知道干什么活，我反正是社会活动家。上海的领导于伶同志给我打电话，说："宗英啊，你去开世界和平代表大会。"我说："喔，在什么地方？我骑自行车赶着去。"他说："在波兰华沙。"我说："哎哟。"于是我就到北京去报到。我是中国代表团里最小的一个，所以得到很多的礼物，很高兴，回来在北京开总结会。工作人员跟我说："宗英同志，有首长想见你。"我说："在哪间屋子？"他说："让你出去，到他家里去。"我说："好吧。"我以为是夏衍要见我呢。我把我的礼物也带上，是玩具，让他老人家看得开心点。

我们是在北京饭店开会，到中南海不远，我看见走进了红墙，走进了花园，我心想："这地方这么好呀！"我进屋子里，看见沙发什么的,觉得跟我爸爸活着的时候我们家差不多。就没多想,工作人员让我先歇一会,我一坐看看画报就睡着了,睡得挺香的。

等我醒来的时候,我一看:"咦——我认识你,我认识你!我在招贴画看见过你。"他就跟我说:"我是周恩来。"我觉得他挺和气的。他跟我说:"你喝点水。昨天我请你们代表团里年纪最大的张澜来聊天,今天请你们团里最小的一个,就是你。多讲讲你们代表团里有什么好玩的事,都参观了什么,收获有什么?"

我说:"可有意思哪!"然后我就叽哩呱啦地讲,连想一二三四都没有想。那时候志愿军开出去了,人家见了我们很尊敬。他说:"就在我这儿吃饭吧。"邓大姐也来了。有我最爱吃的薄饼卷肉丝炒绿豆芽,喝小米粥,四个菜,家常饭,很好吃。吃完之后,我说:"给你们看礼品吧。"在长沙发上高高低低摆了一排,我说:"我送给你们一人一件礼品。你们自己挑,可不许多拿。"我心里想,千万别拿我的娃娃。等于是玩了一玩,就走了。走的时候总理给我一张小纸卡,说:"这是我的电话,以后你到北京来,就马上给我打电话。我还想听你讲故事。"总理又问我:"马列主义你学不学啊?"我说:"我学不懂。组织上号召大家一块学的时候,我就跟着一块学学。"总理说:"还是应该学一学。"这样就道别了。

李怀宇:第二次见面,还像不像第一次那么放得开?

黄宗英:第二次见他是跟好多人在一起,西花厅里摆着折叠椅,我就坐在后头不言语了。总理跟大家说说笑笑,就说:"小黄今天坐哪儿了?怎么没声音了?"赵丹就说:"宗英——宗英上次不知道总理是干什么的。"于是他就说："总理是给大家办事的。"这样关系很平等。因为我第一次那么莽撞，第二次我就很老实。我父亲是一个留日的总工程师，在家里我们受的也是"平等、自由、博爱"的教育，我也没有觉得总理接见是一件不得了的事情，我有多光彩，没有，就是多了一个和蔼的老伯伯朋友吧。

黄宗英

1925—2020 年，生于北京，祖籍浙江瑞安。表演艺术家、作家，曾主演《甜姐儿》《幸福狂想曲》等；著有《黄宗英报告文学选》《半山半水半书窗》《上了年纪的禅思》《归隐书林》(合著)等。黄宗英的哥哥黄宗江、弟弟黄宗洛皆为表演艺术家，人称"卖艺人家"。

王鼎钧

传世的文学在心在魂

几十年来,台湾地区多次评选"十大散文家",每次名单都有变化,其中始终不变的名字是"王鼎钧"。事实上,王鼎钧先生已经赴美数十年,然而,他的著作依然影响着台湾地区一代又一代的读者。

王鼎钧晚年,致力于回忆录四部曲《昨天的云》《怒目少年》《关山夺路》《文学江湖》的写作。王鼎钧说:"我的写法跟任何人不一样,我没有去想畅销,或者得奖,或者巩固社会关系。我的回忆录以记述和分析写成,避免评论。我有个人的感慨,在我笔下,个人感慨是抒情,不是议论。无论如何,你的腔调既然和任何人都不能同声相应,任何人都不高兴。举例来说,甲和乙冲突,甲错了,你如实记下来,甲当然生气。下次乙和丙冲突,乙有错,你又如实记下来，这回把乙也得罪了。依此类推，你会再得罪丙，得罪丁，得罪你周遭所有的人。你或许可以有'正直'之名，但'正直是正直者的墓志铭'。所以古人教我们'不见君父之过'，今人教我们拉帮结派，党同伐异。可是我违背了这些教训，对我而言，这一套回忆录可能是一场熊熊大火，我也许浴火重生，也许化为灰烬。"

王鼎钧自谓晚年的文学思想起了改变："我已知道有卵生的艺术，有胎生的艺术。卵生自外而内，胎生自内而外，卵生计划写作、意志写作，胎生不能已于言，行其所不得不行。卵生时作家的人格可以分裂，胎生时作家的人格统一，卵生弄假成真，胎生将真作假。酬世者多卵生，传世者多胎生。我已知道有酬世的文学，传世的文学。酬世文章在手在口，传世文学在心在魂，作家必须有酬世之量，传世之志。我长年追求写作的方法技术，没有'技'就没有'艺'，我知道卵生重技，胎生重艺，技不等于艺，中间有一个空隙。我终于知道文学艺术'法自然'，山无长势，水无长形，文无定法。所以法自然其实'法非法'，更进一步是'非非法'，最后仍然是更高一级的法自然。参不透像是绕口令，参透了无限欢喜。我已知道文学固然不能依附权力，也不能依附时潮流派，什么唯心唯物，左翼右翼，古典现代，都是花朵，文学艺术是花落之后的果实，果实里面有种子，花落莲成，不为尧存，不为桀亡，固然有花而后有果，可是也慎防做了无果之花。我一直相信作品和作家没有道德上的关连，人格是人格，艺术水平是艺术水平。现在我知道卑鄙的心灵不能产生有高度的作品，狭隘的心灵不能产生有广度的作品，肤浅的心灵不能产生有深度的作品，丑陋的心不能产生美感，低俗的心不能产生高级趣味，冷酷的心不能产生爱。一个作家除非他太不长进，他必须提升自己的心灵境界，他得'修行'。有人讥笑作家总是写他自己做不到的事情，认为'境界'都是矫情，孔融让梨违反人性，争抢大梨才是性情。现在我知道我们对人类的期许可以高于对自己的期许，我们对自己的期许可以高于现实生活。"

李怀宇：你十四岁开始写诗？为什么没有继续下去？

王鼎钧：写过诗，不能算是作品。我没有诗才，诗才不完全等同文才。有人说，诗是"似是而非"，我从那个"而"字上滑跌下来，不落入是，就落入非，是非分明，诗就没有了。诗是空军，我是步兵，诗是禅宗，我是律宗，诗餐风饮露，我吃土喝土。诗海无边，我回头是岸。认真检讨，我当初写诗，恐怕是想偷懒。你看，"云想衣裳花想容"，多么省事，换了散文小说，那得费多少描写？"六军不发无奈何，宛转蛾眉马前死"，那是多大的场面，多曲折的情节？十四个字也就尽在不言中了。人有这种想法，他和诗的缘分又怎会长久？

李怀宇：你十六岁试批《聊斋志异》？

王鼎钧：我们家乡有位进士，我在进士家里读书，他家里有一部《聊斋志异》，进士的二少爷常常拿在手里看，看了就在上面批，我也跟他学，他也不禁止。回想起来，那部《聊斋志异》有好多本，线装，老宋体铅印，大字。今天的书一张纸正反两面都印上字，那部《聊斋志异》是把一张纸折叠过来成为双页，只在纸的一面印字。我在上面涂鸦，糟蹋了那个版本。二少爷喜欢鬼故事，我喜欢人的故事，那时我还不甚明白鬼就是人，人就是鬼。读到报恩的故事，我批过"恩怨分明大丈夫""金欲三千酬漂母，鞭须六百挞平王"。读到爱情故事，我批过"多情自古空余恨，好梦由来最易醒"。我后来对文学评论发生兴趣，应该是批聊斋开了个头。我特别喜欢那个赌博败家的故事，我批了一段话："兴家，上上，守家，中中，败家，下下。无家可归，下之又下矣。"回想起来，这几句话也算感慨悲凉了。我尤其喜欢蒲松龄在这个故事后附加的那一大段按语，他用八股文的形式讽刺赌徒，绝妙好辞。多年以后我想起这段"异史氏曰"，发现写作的动机可增列一条：为了建立某种形式而写作，或者为了颠覆某种形式而写作。塞万提斯如何以《堂吉诃德》颠覆了骑士文学，蒲松龄也如何以"异史氏曰"颠覆了八股文。

李怀宇：你在"文心与史识"中说，这是什么都倚赖专家的时代：看病，倚赖医生；看戏，倚赖导演；吃菜，倚赖大师傅；坐巴士，你一切交给了司机。而作家的选集，倚赖"选家"。厦门大学的徐学教授从你的三十多本书中选出二十万字，辑成《一方阳光》，你觉得这个选本有什么特点？能否代表你写作的风格？

王鼎钧：徐学教授是研究海外华文文学的大家，看他一连串头衔和许多部专门著述可以窥见他的成就，大陆学者评述我的作品，他是第一人，三十年来，他一直观察我的成长，使我在海天之外、斗室之中，时时觉得有一双眼睛注视我，这种感觉对一个离群索居的散文作家非常重要。他治学之余为很多享有盛名的作家编过选集，以"取精用宏"见称，《一方阳光》牛刀割鸡，这个选本偏重感性的文章。大体上说，散文可分三类：一种使人"知"，一种使人"信"，一种使人"感"，最后一种最重要，"艺术含金量"比较高。我这一部分作品本来散于各书之中，不甚彰显，徐学教授搜剔评比，合为一集，读者称便，我这个作者也在"狭义的文学"中确保一席。

李怀宇：散文家如何吸纳诗、小说和戏剧的技巧？现代散文如何开拓新局？请你在《一方阳光》这本选集里举出例证如何？

王鼎钧：例如《红头绳儿》，经过许多人的检视与评述，都指出它的小说成分。抗日战争发生的时候，日本飞机来轰炸，一个小女孩在混乱中生死不明，她的父亲宁愿相信女儿死了。这篇作品中有"事件"，而且有冲突性的事件，事件发生在很大很复杂的背景里。有几本短篇小说选收进了它。它的感性很强，很多人忘不了它，是因为忘不了自己受到的感动，这样的作品寿命比较长。

另外《青纱帐》《哭屋》《失楼台》也都属于这一类。《失楼台》写的是一座古宅中心有一座高楼，它随时可能倒坍，倘若倒塌下来，必定砸坏了周遭的房屋，造成伤亡，主人既没有财力加固，也没有财力拆除，只能在惴惴不安中过一天算一天。风雨之夜，高楼倒塌了，它是"坐"在院子里，你只能说它是瘫痪了，除了堆满瓦砾，居然没有波及其他，于是全家如释重负。已经有多篇文章探讨《失楼台》的象征性，它已经说出来的还不算，它背后没说出来的是什么？这样的作品耐人寻味，而且仁者智者各有所见，各取所需。这也是引用小说技巧的效果。

说到"诗"怎样提高了散文的艺术性，姑且举本集中的《脚印》为例。我从毛姆的作品里得知一个传说，人死了，他的灵魂要把他生前走过的路重走一遍，把他生前留下的脚印一个一个拣起来，我设想灵魂是从死亡之地出发，逆向行走，最后一站正是故乡。我的想象力跟着脚印产生一连串场景动作，脚印贯串全文，如同音乐中的主旋律，一面前进一面变奏，单词复词交错，长句短句互应，语言的密度增加，以抑扬顿挫配合情感的汹涌起伏，这样的散文"诗化"了。在本集所收的抒情作品中，围着一个圆心婆娑起舞，方寸间千回百转，可以说是诗的写法，有别于例行散文的一线延长。许多字句讲究以字音和字形帮助表见，以多义和歧义帮助表现，寓有我对中国文字之美的领悟。这些作品情感无论多么沉痛激烈，它是流动的，不是淤塞的；它是一个过程，不是终站，寓有我晚年的人生哲学。并不是说我写得有多么好，我只是在回答问题，别人可以写得更好，但是都可以从这个角度去了解、去欣赏。

李怀宇：你在台北写杂文专栏，颇有名声，但是这些杂文都没

有收进你的文集，这是否代表你对杂文的评价？

王鼎钧：我在 20 世纪 50 年代和 60 年代写了很多杂文专栏，版面形式类似鲁迅的"自由谈"，俗称"小方块"，每天紧跟在新闻后面拣话题，说俏皮话，思想越来越贫乏，我对那样的杂文早已厌倦了。那时我的杂文专栏算是很出色，狮子搏兔也全力以赴，老板说我"有把工作做好的天性"，我对人生的感悟、世相的观照，都零零碎碎宣泄了，没有时间蓄积、酝酿、发酵、蒸馏，大材小用。久而久之，贪图小成小就，避难就易，执简弃繁，这个坏习惯我很久很久才革除。

在报馆写文章，晚上写成的稿子，第二天早晨就发表出来，没有"高栏"需要越过，久而久之，把写作看成一件很容易的事情，而且贪图急功近利，热衷短线操作，这种写作的坏习惯，我很久很久才革除。

小人物写小文章，对小市民谈论小事情，若是四平八稳，子曰诗云，难以引人注意，报纸对杂文的期许是争取读者，增加销路，我们总得有几句耸动听闻的话作"卖点"，这几句话无须和你评论的事物相称，你只是借题发挥，或者为尖锐而尖锐，为辛辣而辛辣，读者已经看过新闻，他现在要看到的也只是你这几句话是否"过瘾"。职业的荣誉是很大的压力，令人身不由己，我们得在修辞上下功夫，大快人意而非褒贬得宜。后来革除这种坏习惯，我花了更久的时间。

20 世纪 60 年代，副刊上的杂文专栏写出最多的过激之词，过激之词对建立一个公平的、有理性的社会并无帮助。例如说，学校是不准读书的地方（林语堂），医生的听筒是骗人的东西（郭沫若），学医无用，不过是把病人医好再让帝国主义去杀掉（鲁迅），大丈夫不能流芳百世，理当遗臭万年（桓温），这些当年写在笔记本上的警句，我都扯下来丢进字纸篓里。莎士比亚的"生命是一个傻子说的笑话"，这句话至少不能概括全部莎剧。我为何要诱人这样思考呢？但是有时候球在脚边，不能不踢，顾不得球门旁边坐着一个孩子。

李怀宇：新泽西州的西东大学把你聘到美国来编中文教材，这件事的经过如何？

王鼎钧：美国有"双语教学"，新移民的孩子不懂英语。学校要先用他们的母语教他们。这就要训练师资、编写教材。中文、日文、韩文的教材，联邦委托西东大学办理，西东大学的主其事者杨觉勇教授到台北物色中文编辑，找到了我。我在西东大学工作了七年，参与历史、地理和中国语文的编辑。中国语文读本由我主编，课本之外还有习作本，类似教师手册。课文之前有说明，课文之后有作者介绍和注释。习作本最费力气，每一课都有内容讨论、语文练习、写作方法、自由作业。习作本依照教师授课的需要，化整为零、循序渐进，系统地介绍中文的炼字、遣词、造句、分段、谋篇，也随机对记叙、抒情、议论、描写，作了说明。此外另有一章对中国文学的发展作了介绍。据我的老板说，在美国，这是最完备的一套中文教材。

李怀宇：西东大学的工作结束以后，你全家搬到纽约。你说过，你一直用中文写作，你可能是在纽约唯一用中文投稿维生的人。这件事听起来不容易。

王鼎钧：一个作家要保持专心写作、独立写作并不困难，只要他能过简朴的生活。当年有一位画家来纽约开画展，他想留下来，忧虑"美国居，大不易"。我告诉他，这里虽是黄金之都，生活必需品都很便宜，而且穷人和富人的生活质量也大致接近。比如说，鸡蛋一块二毛钱一打，百万家产的人吃这种蛋，你也吃这种蛋，大家在同一个超级市场买蛋，你和他的区别是，他用瓷盘子吃蛋，你用纸盘子吃蛋。我说以你的画艺，赚这一点有什么问题？你可以维持一个艺术家的理想活下去。如果你今年想把纸盘子换成瓷盘子，明年又想换成景德镇名厂出品的盘子，后年想再买一套日本瓷的盘子，大后年想多买几套盘子轮流使用，由换盘子想到餐桌要换、窗帘要换、地毯要换、客厅也要换、车子也要换，这就有点麻烦，你就可能需要出卖灵魂。

我和内人的物质欲望都很低，我们量入为出，可以安身。中国人都知道美国社会人和人的关系疏离，同住一栋公寓里，十年对面不相识，认为是美国人的痛苦，实不相瞒，这正是没钱的人可以自由自在的地方。中国社会虽说守望相助，其实也守望相讥、守望相炫耀，给你很大的压力。你在美国生活就没有这种压力。我能有所不为，然后有为，我感谢内人一直和我配合。

李怀宇：你在美国，如何了解中国当代文学的发展情况？

王鼎钧：我是 1978 年来美国，赶上伤痕文学兴起。文学杂志的反应快，我订了很多杂志，除了《人民文学》《收获》《十月》，还有各省的刊物。我听说大陆上的文学奉行现实主义，反映人民生活，以为可以从伤痕文学的背景中了解社会变迁。没有，各地的伤痕文学没离开"文化大革命"的共同现象。倒也有些细微的发现。"文化大革命"期间的小说，每一句、每个字都稳妥贴切，跟政治口号的主调吻合，到了伤痕文学，大处着眼，小处着手，修辞技巧多样化，一字褒贬，正言若反，或中性表述，立场倾斜，这就有了小小的裂纹，历来研究伤痕文学的人没有看到这一步。我那时生活不安定，也未能静下心来记述此一征兆。

在纽约，可能是我第一个注意莫言的《红高粱》，它写的是我山东老家的事。我把《红高粱》复印了寄到台湾，请痖弦注意这个作家，促成了联合报系把莫言介绍给台湾读者。后来像贾平凹、陈忠实、阿城、刘索拉这些人的作品我都看。我是觉得大陆文学还没能够脱胎换骨，20 世纪 30 年代那一套还藏在里头，作家还是没有完全丢掉，我想原因不完全是因为环境，是剩余的思想。文学换代当然不能一步到位，我没有一直盯下去，那是大学里文学教授的专业。

李怀宇：关于网络写作，你为什么劝作者们别再老盯住出版社和副刊，别再念叨版税稿费，想当年李白杜甫谁给他版税？

王鼎钧：我在网络上发表过这样的"说法"，劝写文章的朋友不要灰心。网络并未夺走我们的读者，只是夺走了我们的版税、稿费、发表权。网络侵权的问题必须正视，必须逐步解决，但是作家不可以罢工等待。我经历过"转载"侵权、盗印侵权、广播侵权、电影电视侵权，那一代一代的作家都挺过来了，网络侵权的问题比较复杂，解决比较困难，我们也需要更大的挺劲儿，如有机缘，挺身参加"维权"的奋斗。

李怀宇：你自述"为基督信徒，佛经读者，有志以佛理补基督教义之不足，用以诠释人生，建构作品"。宗教哲学对你的创作境界有何影响？

王鼎钧：宗教对文学创作的影响：对语言有影响，汉译佛经，国语和合本圣经，都增加了中国文学作品的语汇，提供一些新的句法。对题材的影响：像佛家的轮回，基督教的原罪，都使文学家的想象更丰富。你单独提出对创作境界的影响，可见你特别重视这一项，这也的确是最重要的一项。

宗教，我是说高级宗教，提高扩大了人的境界。且看下面这个故事：楚国国王打猎，遗失了他心爱的一张弓，他的部下要派人马出去寻找，他说："楚国人丢了东西，楚国人拣了去，何必再找？"孔子听到这件事，对弟子发表意见，他说："人丢了东西，另一个人拣了去，也就算了，何必一定要楚国？"这个故事显示了三种境界，其一以"我"为主，那是"我"的东西，应该属于"我"，这是很低的境界。其二是以楚国为主，只要东西还在楚国人手里，谁拿着都是一样，这个境界比较高。其三是放眼全人类，以人类的得失、人类的利害看问题，这个境界就更高了。我受这个故事启发，把作家区分为三种境界。人之初，境界应该很低，后来由教育和修养慢慢提高，提高到"楚失楚得"的层次。宗教可以帮助我们再提高，提高到"人失人得"的层次。佛教中的某宗某派，认为根本就没有弓，又何来得失？这就更高了，高处不胜寒了，诗人、小说家如果能到这种境界，作品必定大放异采。至于我自己，我的境界本来近乎"鸡虫得失"，生活的磨炼只有使我的境界闭关自守，这样的人写作是没有成就的，单单追求技术于大局无补。幸亏宗教帮助了我，我的文学长征才走完全程。

李怀宇：你们家夫妇都是教徒，家里摆放着多种版本的《圣经》。你说，美国百分之九十的家庭有《圣经》，有《圣经》的家庭百分之九十从来不看，这是教会自己做的调查。你自己对圣经的态度又是如何？你真相信有个无所不在的神吗？

王鼎钧：容我说，那些家有《圣经》而不读的美国人，"百分之九十"仍然相信有"神"，那是他们的文化。正如我们中国不读佛经的人，很多也相信轮回，那是我们的文化。

容我说，我既然是基督徒，当然相信有"神"，宗教处理"人"和"超自然"的关系，没有超自然的部分，那就不是宗教了。据我了解，信仰是我个人和"上帝"之间的事，并不妨碍别人，别人也不该妨碍我，我信"神"并不表示别人也得信"神"，别人也没有资格嘲笑我的信仰。

我十四岁在长老会受洗，那时候，长老会的神学力谋和中国文化认同，牧师长老们认为，讲"人道"，孔孟和耶稣基督有许多共同语言;讲"神道",孔孟留下许多空白有待基督补充。这个说法对我影响久远。

对于我,"神"是我感谢的对象,在我的字典中,"祷告"是"希望"的同义词。我必须说,有一个"上帝",人格化的"上帝"。研究宗教的人认为这是一个设计,像计算机程序一样,即使如此,你也得"相信"这个程序,它才有效。

王鼎钧

1925 年生,山东临沂兰陵人。1949 年到台湾,1978 年应新泽西州西东大学之聘赴美,任职双语教程中心,编写美国双语教育所用中文教材。退休后定居纽约。著有"人生三书"(《开放的人生》《人生试金石》《我们现代人》),"作文三书"(《作文七巧》《作文十九问》《文学种籽》),《左心房漩涡》《海水天涯中国人》《一方阳光》,回忆录《昨天的云》《怒目少年》《关山夺路》《文学江湖》等。

刘荒田

———

乡愁是对中国文化的依恋

"我的人生就像一个圆，在中国与美国生活的时间各一半，现在又回来了。"2011年起，旅美作家刘荒田先生定居佛山，不免感慨人生的奇妙。

有一天，我专门从广州到佛山看刘先生的新居，话题离不开书。他笑道："藏书和白发类似，需要长久积累；到发无可白的末尾，还得思量把书送出。"他的书房珍宝不少：壁上挂着三位他至为景仰的前辈的书法——王鼎钧先生所书藏头联"荒荒大千一虹七彩，田田莲叶滴水成珠"，洛夫先生所书"天外云闲独鹤飞"以及邵燕祥先生的绝句。

刘荒田在美国三十年间所收藏的书籍，自称是卑微人生的象征，他说对版本全无讲究，毋论精装平装、简体繁体，能读就行。

说到用途，一为兴趣，二为写作。离开旧金山之前，他站在书架前一一浏览书脊，颇有感慨。读过的书连起来，是心灵旅行的漫漫长路。台湾现代诗家的诗集——痖弦、纪弦、非马、郑愁予、管管、向明、余光中、洛夫、梅新——个人风格各异，但都迥异于他当年在大陆时所读的单向、平面的新诗，如此奇异而繁复的意象，如此美妙而深邃的汉语。他的精神家园就此拥有最初的浓绿。1990年代起，他从现代诗转向散文，着迷的是居住在纽约的两位作家——王鼎钧和木心。特别是前者，他认为其文字是"新文学前所未有的瑰丽和宏阔"。在美国时，只要是"鼎公"的书，他都毫不犹豫地买下。此外，他酷爱的书，如陈之藩的，纪伯伦的，张宗子的，都置于最趁手的所在。他早年当知青时，在抉择人生路向上给予他决定性影响的《约翰·克里斯多夫》，是 1950 年代版本，中英文各一种，置于高处，供他凭吊青春豪气。架上固然不乏作者送的签名本，也有白捡的便宜货。二十多年前，旧金山一家专营中国图书的书店歇业在即，除了字典和医药书外，其他的都打算送去搅纸浆，为了节约运费，洋老板鼓励人们去书库搬书。刘荒田开车几个来回，几百本堆在客厅，那时还没有书房。

后来刘荒田在美国拥有了宽敞的书房，自认摆放毫无章法，书似青山常乱叠，听任兴致所至的混搭。美国历年的年度随笔选和明清小品诸家交错，《史记》的贴邻是《时代》杂志摄影精选。这么多年，蟹行的英语也读了一些，都带着明确的目的，前期翻译史坦贝克的短篇和 CNN 创办人坦纳的传记，是为了学英语；后期专读散文随笔，不是学哲思，就是借鉴笔法。相当多的英文诗集，少数来自鼎鼎有名的"城市之光"，那是位于唐人街边沿的百年老店，它有一个专室陈列无名诗人们自费或自印的集子，听说1960年代锋头最劲的金斯堡就是从这里，以《嚎叫》震撼新大陆。更多来自普通人家摊档式的"车库卖物"，那是周末饶有意趣的消闲，开车上街，看到哪家车库前摆出二手货，便停下来，从容浏览。旧书和杂志便宜得近于白送，1960年代的《读者文摘》合订本才二十五美分。值得一提的是，少说有一百本，包括精装的《资治通鉴》，是号称"书痴"的朋友送给刘荒田的，这位以送书为职志的朋友，是中文报馆的穷编辑，在书店看到心爱的书，必买同样的两三本，自留一册，别的送出去，因为"不分享心里难受"。

刘荒田引出一句洋谚"You are what you read"，他说，晓得它的大概意思不难，要翻译却费周章。而且，不宜由它推导出"看你的藏书就知道你是什么人"，若然，豪宅当眼处的紫檀木书橱里摆上莎士比亚全集和四库全书的阔佬，便必定是腹笥丰盈的雅士了。不过，说藏书隐藏着生命的轨迹或痕迹，那是没错的。

刘荒田从小受的是正统的革命教育。1966年高中毕业，正在准备高考时，"文化大革命"山雨欲来，高考被取消，刘荒田从此留校搞"文化大革命"，没有参加武斗，但文斗很活跃，被对立一派骂为"反动文人"。胡闹两年以后，刘荒田回到老家——台山水步镇"荒田村"。

在乡下，刘荒田意外地接触到许多世界名著。一位同村的朋友,原来是广州的小学老师,在"战备疏散"运动中被押送回老家,行李中夹带着好多禁书。刘荒田回忆:"他是相当不错的诗人。"而刘荒田的叔叔在广州一个区的文化馆做馆长,喜欢看书,当上走资派以后,送了侄儿好多书。沉浸在名著里,刘荒田拥有和以前完全不同的世界:托尔斯泰、罗曼·罗兰、屠格涅夫、海涅、普希金、歌德……受到真正的启蒙。在西洋文学大师们的熏陶下,刘荒田写起新诗来。

刘荒田在乡下七年,真正种田只有一年,六年在乡村学校当月薪二十五元的民办老师。学校设在古祠群里,刘荒田当附设高中班的班主任,只有二十二岁,学生才比他小三四岁。那个年代,刘荒田的思想有一种强烈的反叛:"我对集权、专制、阶级斗争这一类口号,采取了极端怀疑、抗拒的态度。"

改革开放之初,刘荒田义无反顾地要出国,去看外面的世界。岳父母在美国通过合法手续为刘荒田一家申请签证。1980 年,刘荒田挑着一百多斤的行李,两个小孩由他的太太抱一个拉一个,一家人通过深圳罗湖桥。到了香港,在等待去美国的一个月里,刘荒田一头栽进书店,每天在冷气机下看书。

一家人到了美国旧金山,刘荒田一边学英文,一边在中餐馆做帮厨,一个月收入六百块美金。刘荒田的第一个感觉是,美国的东西很便宜,一张天鹅绒沙发一百多,这个月买了,一台电视机两百多,下个月买了,并没有感觉贫穷的压力。刘荒田在海边租了一个人家地下改造过的车库,住了五六年后,自己买了独立的房子。

刘荒田在中餐馆打过下手，进过政府为帮助新移民就业而设在唐人街的"四四制"训练班（每天四个小时学英语，四个小时培训就业技能），结业后进入西餐馆当练习生。一年后，他和一位写诗的朋友合开餐馆，不到半年，发现那个地方表面看颇为繁华，实际上是毒贩、无家可归者的地盘，毫无前途，只好卖给一个上海女人。这个上海女人想在这里靠开餐馆"抖"给抛弃她的前夫看。她前夫是建筑师，就在附近开事务所。

此后，刘荒田去了一个大旅馆当侍应生，一干就是二十七年，直到退休。生活安定后，刘荒田可以尽情看书，尤其喜欢台湾的文学书，后来，和王鼎钧、洛夫等前辈作家成为好朋友。刘荒田开始投稿，最活跃的一年，他粗算了一下，稿费差不多赚到一万美金。不过还是不能靠写作维生。他说："王鼎钧先生在美国写作能养活一家，别人做不到。"

刘荒田投稿的美国华文报纸，有《世界日报》《星岛日报》《侨报》《明报》等。1986年，《时代报》的创办人黄运基请刘荒田去兼职当编译。三十八岁的刘荒田一天做两份工，在旅馆下了班，马上开车去《时代报》，选稿、翻译、编辑、校对、排版。"我的英文就是这么学的。把英文翻译成中文还可以，反过来可不行。"

受台湾现代诗的启发，刘荒田热衷写诗，喜欢洛夫、痖弦等台湾诗人的作品，私人关系比较好的是纪弦和非马。1993年，旧金山的华人文艺同好成立了一个"美国华文文艺界协会"，公推纪弦老先生当会长,后来黄运基、刘荒田也当过会长。刘荒田说:"纪弦是一个相当纯粹的诗人,率性、浪漫,永远是小孩子。顾城临死之前,路过旧金山,我们请他饮茶,他跟纪弦去了我们朋友的家,纪弦讲:'我有一个重大发现,这个世界上分两类人,一类是爱诗的,一类是不爱诗的。'顾城就说:'对,我们是爱诗一类。'"

1995年起,在台湾地区得过新诗大奖的刘荒田不大写诗了,原因是讨厌自己没有感觉也要硬写。不过,写诗对他是很好的训练,可以提炼意象,为散文蕴藏诗意无形中作了准备。写散文多年,刘荒田被外界誉为"旅美四大家"之一,不过,这个浮名在他看来只是"炒作"。

在美国,刘荒田禁不住想念家乡。1980年代末,他第一次回来时激动莫名,渐渐地了解祖国的变化。十年前,他的女儿刚刚念完大学,刘荒田就开始考虑回国定居的事。现在终于退休了,夫妻选择定居佛山,因为这里亲朋多,有个照应。刘荒田说:"我要把生命弄成一个圆。我走了一个圈,像是重合,地理的位置相同,但是思想的位置不一定相同。回来,我要皈依我的家园,这是生我养我的地方,我要重新体验她。要是能够的话,我要表现她;不能够的话,我来默默观察她。离开太久了,我现在仍旧茫茫然,顶多写点浮面的随感;社会的重大问题,我没有发言权。阿Q最后的遗憾,是那个圆圈画得不圆,我希望我能够画圆一点。"

李怀宇：你在美国为什么提笔写散文？

刘荒田：我写的都是自己的经历与思考，即表现像我这一辈新移民在美国的人生。我要把人生曲线、思想嬗变感性地表现出来。我越来越感到，"新移民"这一群体中的写作者为数不少，但是跟国内的作家比，往往是没有优势的：离开了汉语的环境，孤悬海外，没有粉丝，谁跟你互动啊？你写归写，当然有人喜欢，但是你不知道。至于电视台访问、首发式、签名会的轰动，想都别想，每个人都是关起门埋头写。在那个环境中，很少有作家坚持多年都没放弃的。我见了好多例子，那时候台湾的《联合文学》每一年都评奖，我发现，得新人奖第一名的，两三年后就不见了。类似"无根之兰"，靠极少的清水，坚持下来需要运气更需要毅力。还有，我们的水平的确有局限，艺术准备不足，切磋的氛围没形成，很少有外在的推动力。我写了二十多年没放弃，是因为没有别的寄托，没有消遣。你总得找一个朋友喝咖啡吧？没有。我除了上班，就待在家里，在家便弄点东西娱乐自我，于是，就写吧。

我还有一个思考，像我们这些没有什么优势的新移民作家，不在美国生活这么久，就没法以"只有我们有把握表现"的作品出彩。我们每天亲历中西文化的碰撞，所谓东西方观念、生活方式、思维模式的差异、冲突和磨合，我每天都多少体验一些。我们需要不断调整视角，校正思维方式，不然就难以对付西方社会中无日无之的生存挑战，难以建立新的人际关系。举一个简单的例子，我儿子三十多岁才结婚，他在美国长大，整个思维是西方的，连中文都不会读。他六岁去美国，但对母国什么概念也没有，二十岁前会写自己的中文名字，因为移民前在家乡念过幼儿园，现在连这三个汉字也忘了。他过了三十岁生日，还没有初恋，我急了，对他说："你该结婚了，你爷爷八十岁了，整天向我唠叨，要在有生之年看到你娶媳妇，他希望能参加你的婚礼。"我的儿子马上跳起来："我结不结婚跟爷爷有关系吗？结婚是纯粹的私事，跟爸妈都没关系，别说跟爷爷了。"这就是观念上的对抗。他的观点来自以个人主义为基本点的西方教育。诸多具体而微的矛盾，我们每天都要面对和化解。新移民把纯粹的中国心态转变过来，开放地接纳新的人情世故，是在那块土地上生存、发展的必须。总之，所谓"新移民作家"，要写出自己的特色，就要表现文化交融、互补的过程，冲突与调和的阵痛和喜悦，能做到这点，就有了自己的独门功夫，就和大陆的、台湾的、香港的作家，产生教人刮目相看的差异，呈现出不同的面貌。要不你能有什么资本？论对中国的了解，你隔着一万公里的太平洋，隔空放炮，不让人家笑话？我们只能立足在那块土地上，写我们本身的人生。我的希望就是这样，可惜限于学历、视野、语言的表达力，读书太少，心余力拙。

李怀宇：你怎么那么喜欢王鼎钧先生的文章？

刘荒田：我一开始读他的著作，是他来到美国后写的第一本散文集，叫《看不透的城市》，我当时着了迷，觉得这个作家了不起，后来我就一直注意他。他凡出新书，我必买必读，但很晚才跟他建立个人的联系。1998年，我去纽约，第一次见到这位崇拜了十多年的偶像。那时候他七十多岁，高个子，腰杆笔直，很精神。他对我影响最大。我认为，他是当代当之无愧的文学大师。为什么？第一，他从来没放弃文学，足足写了六十年；第二，他的风格多变，他比那些"短命"作家，路子宽阔得多；第三，他有宗教的情怀，一般作家难以达到他的思想高度。他从小信仰基督教，对它有专精的研究不说，对佛教也一样，能跟高僧坐而论佛，头头是道。我读王鼎钧读了差不多三十年，越看越觉得他真了不起。我即使不认识他，也要这么讲。海外有两座当代文学的顶峰，写散文的王鼎钧和写新诗的洛夫，两位老人的创作境界都达到前人没达到的海拔；他们著作丰富，写作生命长久；道德上没有大的瑕疵。我认为，王鼎钧的《关山夺路》和《文学江湖》是中国现代纪实文学前所未有的登峰造极之作。遗憾的是，大陆文学界对他仍旧陌生，尽管作品上了中学语文教科书。

李怀宇：明清小品对你的散文的影响大吗？

刘荒田：我1990年代几乎每天看，特别喜欢明清之交的张宗子。现代的张宗子也很了不起啊，我认识他，就因读了他报上的文章，特别剪下来保存的，他很有思想。他那时刚到纽约留学，才三十岁，我说："这个人有慧根。"但迟至2009年才和他见上面。在散文写作上，恐怕因为我写新诗写了二十年，注意追寻诗意。另外，我从王鼎钧著作中，学习他的博采众长，表达得干净利落，作品蕴涵鲜活意象，还有，是他对人生圆融的观照。他的散文，多少名篇，多少警句，多少贯通中西与古今的智慧！

李怀宇：在美国，新移民文学的作家中有什么特别的人物？

刘荒田：小说家中，严歌苓和张翎是没有争议的代表人物。不过，在"新移民作家"这个概念下，这些当红写手还不算典型——我的意思是，必须是这样的作家才够格："中国根基"之外，还要在海外生活足够的年份，具备了东西方交融的思想和深厚的异国人生体验，写出了"只有他才写得出"的作品。这不仅是针对题材而言，我是说，如果你是海外作家，但你写的，不走出国门的同行也写得出来，甚至比你这在美国破旧公寓里熬夜的业余作者所生产的，还要精致和开阔，那么，你仍旧有愧于"新移民作者"这个称谓，尽管它并没有多少含金量。我希望，出现真正以中国文化为根基，又在海外浸泡多年，建立了全新文化人格的"东西通吃"一代。王鼎钧先生在美国生活三十多年，著作甚多，树立了典范。我预期，经过岁月的沉淀，将来会有这样一个群体出现在中国文学的地平线上。我只提一位，旧金山的小说家沙石，他写的中短篇，涉及美国职场的中美文化交锋，叙述风格是中式诙谐和洋式讽刺杂糅的冷幽默，这个路子就是代表。

李怀宇：你有没有留意哈金？

刘荒田：以英语写作的哈金，在美国屡获全国性大奖，他所采用的素材，绝大多数是中国从前的故事，还有是中国人在美国奋斗的故事，他可以说是"打通东西"的楷模。他是用英文写的，从来不用中文发表作品。在洋人眼里，他的英文也许没人家的地道、绚烂。他的语言以简单、朴素见长，有点怪怪的，但交代情节清楚，人物性格有意思，西方读者觉得新鲜。当然，以第二语言写作，在"文采"上出位谈何容易，我写中文写了五十多年，还常常为表现力低下自苦。

李怀宇：在美国写华文文章，寂寞吗？

刘荒田：缺乏互动，缺少交流，自生自灭。美国有一些文艺协会，一群人聚在一起，聊聊天，或者开个作品研讨会，彼此打打气，或者在图书馆举行活动。现在旧金山好点，因为华人众多，市立总图书馆举行了好多次华人作家作品的研讨会，去年为我的《美国小品》开了研讨会。

李怀宇：王鼎钧先生讲，在美国，有两个地方不用讲英文就可以生活，一个是纽约，一个是旧金山。

刘荒田：这两个地方都有很大的华人社区。在唐人街，什么都能做，律师也有，医生也有，银行也有，不必说英语就能搞定所有事情，唯一难办的是听电话，你不懂英文，人家打电话来推销个商品，或者亲人进了医院急诊室，医生打电话来，你就手忙脚乱，去找懂英语的儿女。

李怀宇：有一个说法，美国的唐人街，等于国内落后的小城镇？

刘荒田：差不离，里头几乎没有大的商店，银行是全国性的，门面都不错，还有两家大一点的百货公司，其他的都是小本经营。餐馆是小餐馆，没几家高级的，最负盛名的餐馆叫"金宫"，老板是台山人，前两年，七十岁上下去世，没儿没女，听说遗产在餐馆内部分配,每一个替他打工的人都有一份。那餐馆是中国菜加法式服务,旧金山向世界推销中国菜,拿这家当标本,好多位总统和明星都去光顾过。

李怀宇:有人在旧金山住了十几年,但生活跟美国关系不大。

刘荒田:有人会在那里当隐士,不见人,他住的那个地方我知道,在列治文区 29 街附近。我驾车路过许多次,但没有去拜访,因为素不相识。在旧金山还有名记者梁厚甫,新会人。要融入美国社会,先要走出唐人街。比如,我打工的大旅馆,不再是中国人的地盘,我所在的部门,七八十名员工,来自十多个国家,操着十多种语言,没一个人说英文不带口音。本来,同事中并不乏美国人,但土生土长的白人黑人热衷于迁移,不可能在一个地方连续打工 10 年,才干两三年就辞职,带上家小,开着租来的搬家专用卡车,去别的城市,开始不发腻的新人生。美国的搬家率奇高,好像是每年有 30% 的人在迁移的路上。我们中国人难以融入那个社会,主要是语言、生活方式的差异,还有是缺乏宗教信仰。所谓融入,有几个途径:第一是入教会,做教徒,每个礼拜去唱诗,查经,做弥撒;第二,参加以专业或爱好划分的社团,一起活动;第三,去酒吧,跟他们一起喝酒,一起看球赛直播,和他们交朋友乃至谈恋爱、结婚。多数同胞要么不愿意,要么没能力。背景差别太大了。另外,那里的人际关系没有国内紧密,所以"好男人"多得很。下班后哪有"夜生活"?都是待在家里,周末带全家去公园,和狗以及小孩子滚在一块。中国人爱群居,腻在一起才快乐。中国移民说:美国是"好山好水好寂寞"。那里空气确实好，环境干净，除非有横祸飞来，都活得平安，你爱干什么就干什么，可惜是清汤寡水。

我有一个老乡，移民美国后在洛杉矶居住，离我们那里七八百公里吧。他寄了一本书给我，我打个电话给他，表示感谢，他说："我明天到旧金山去。"我说："来了我请你上茶楼。"他说："行，我一定打电话给你。"此后一个多月没消息，我没有他在旧金山的电话，无法联系。一天大早，他夫妻居然站在我家门口，我又惊又喜，说："哇，找上门了，这么早！"他也吃惊地问："你怎么在这里？"我说："我住在这。"原来，他在妹妹家住了一个多月，他的住处和我家只隔一栋。难怪他，他在妹妹开的车衣厂上班，每天一早出门，晚上回来，累死了，哪儿还有心思打电话？在美国，人和人隔绝，是流行病，谁也难于免疫。

李怀宇：你在美国，有乡愁吗？

刘荒田：头十年常想家，没办法，后来就没有了，像余光中讲的，转化成"文化的乡愁"了，也就是对中国文化的依恋，对传统血脉的坚持，所有这些，凝聚在对中国文字上。除了母语，我们怎能酣畅淋漓地表达自我？去国三十年，起初以游子的身份告别故土，可以称为"旅美"；如今持"美籍华人"的英语护照回来，连一个获得邮局承认、好签领稿费单的中文名字也没有，只好称作"旅中"，两头不着岸。祖国好多东西，我要慢慢思考、消化。

李怀宇：在美国如何了解中国的情况？

刘荒田：有好多渠道。比如，亲友从祖国回来，在茶楼谈见闻。主要是通过传媒，可惜那里的报道，追求"人咬狗"式的轰动，而轰动效应多半来自负面消息，所以，看多了，恐怕戴上有色眼镜。不过，三个媒体巨头，ABC、CBS 和 NBC，报道中国基本上是慎重的，不会造谣，但必从它的价值观出发，说三道四。

李怀宇：你们这一代是新移民，下一代有中国情怀吗？

刘荒田：可以说，每况愈下，后代越是"后"，越是缺乏，最后是近于零。新移民最可骄傲的称号，不是"洋插队"，而是"一世祖"。我们的后代呢，由于从思维到交际，都使用了英语，中国便越来越遥远了。我的儿女，差不多没有"祖国"这个概念，到我的孙儿女那辈，就留下一个姓，可能不存在多少中国元素了。

李怀宇："香蕉人"这个说法，皮肤是黄的，心是白的。

刘荒田：对，我的后代就是，他们从幼年起，接受的教育就是西方的，好在，一些中国品性幸存。我的儿子上高中时，和我开车出门，一路谈话，讨论起宗教来，他说对一个教会有点反感，起因是他最好朋友的祖母去世，在教堂举行追思仪式。牧师上台讲，老太太儿孙满堂，德高望重，这都是因为她一辈子遵从"神"的意旨，做了许多好事的缘故。我儿子在台下叽咕开了：好事都是老奶奶自己做的，为什么全部光荣要入在上帝的账上？他又说："小时候，妈妈从早到晚踩缝纫机，爸爸上班，是他们把我养大的，从来没有见到'上帝'起过什么作用。"这个年轻人的观点，有相当的代表性。从积极的角度看，中国父母对儿女，就这样潜移默化，母国的好传统往下一代传递，不是靠说大道理，而是靠身教。中国父母的勤劳、节俭、责任感、孝悌，这些他们从小看到了，记住了。

李怀宇：你在美国有没有入教？

刘荒田：没有，但是我渴望。无从皈依的苦恼，不单是我个人，是很多缺乏宗教情怀的中国人都有的。人渐入老境，亲人朋友相继去世，自己的健康江河日下，面对不可测的命运，忧虑、畏惧与日俱增，天知道什么时候翘辫子？于是，你急迫地寻觅精神寄托，一种能让你在生老病死的压迫中解脱的信仰。但是，理性上明白，不等于感情上也做足准备，信仰需要热情，我在感情上的温度不够。为此，常常陷进苦恼中。

李怀宇：在美国生活了这么多年，你觉得自己是一个"世界公民"吗？

刘荒田：随着年龄，这种成分确实多起来了。像我，世界主义和爱国主义两者相较，后者比较平淡。现在没有谁要我拿起武器去保卫哪个国家，现在不存在"非此即彼"的严峻选项。能站在比较客观的立场去看问题就好了。

李怀宇：如果有美国精神、中国精神之说，哪种精神对你影响多一点？

刘荒田：我的根底是中国的，没办法改变，毕竟，从童年到而立，我在这里生活。至于美国的三十年，如果说人格构成有所变化，那就是理性成分增加了，观察事物较为宽容，较为客观，注意对比，尽量往好的方面揣度别人。在那里，和我日常相处的，是从好多国家来的人，各个种族的人，持不同的信仰、性取向、价值观、思维方式和生活习惯的人,特别是跟我一起工作了二十多年的同事,这些萨尔瓦多人、西班牙人、菲律宾人、德国人、意大利人、法国人、英国人、澳大利亚人、美国白人和黑人,和我的关系融洽,他们什么心里话都对我说,最隐私的性问题、男女关系、家庭纠纷,都和盘托出,只因为我乐于倾听。阅人多矣,便容易理解人,谅解人。

李怀宇:这一二十年,全球化的进程相当快,促进许多国家的交流,你在美国有没有这种感觉?

刘荒田:有。网络上差不多没有国界了。我的电脑出故障,打电话去客服中心,都是印度人接电话,好几次我跟在线的工程师聊天,对方告诉我,在印度首都,光一栋大楼内,两千多员工,就全是给美国的电脑公司做售后服务的。连美国的一些快餐馆,接外卖电话的接线生也在印度,下单却在十英尺以内的距离。

李怀宇:今天有没有一个国家能独立于全球化趋势之外?

刘荒田:不可能。包括中国在内,即使走的道路不同,所趋近的目标也是相似的。不管你认同不认同,全世界大多数人都认为,这是较为合理的,付出代价较少,较容易集合共识的。人类总得向善,要爱,不要战争。我们奋斗,奉献,尽可能减少仇恨,消除不公平和不正义。中国一定会往好的方向走,改革开放是不可逆转的。无论美国中国,都不可能十全十美。美国的金融危机,现在想起来岂不可恨可笑? 祸起萧墙,无非是贪得无厌,把房价推高,到虚幻的顶端,之后倒塌了。总而言之,社会的进步，没有毕其功于一役，没有痛快淋漓的推翻和一刀两断的解决，只能一点一滴地改良、补锅、折中。

刘荒田

原籍广东台山，早年当知青，在乡村教书，还当过公务员。1980 年移居美国。旧金山"美华文协"荣誉会长，《美华文学》杂志主编。著有《唐人街的桃花》《旧金山浮生》《"假洋鬼子"的悲欢歌哭》《"假洋鬼子"的想入非非》《"假洋鬼子"的东张西望》《听雨密西西比》《刘荒田美国笔记》《刘荒田美国小品》《刘荒田美国闲话》等 20 种，其中《刘荒田美国笔记》2009 年获首届"中山杯"华侨文学奖散文类首奖。

也斯

尝试为中国诗人重新定位

他是教授，也是诗人、散文家、小说家。写文章时，他是也斯。写诗时，他是梁秉钧。两个名字与多种文体交织在一起，使读者产生一种全才的印象。而生活里的他，是住在香港铜锣湾平易近人的长者，也许在维多利亚公园散步，在茶餐厅饮茶或是戏院看电影时，他就在你的身边。

也斯本名梁秉钧。四岁时父亲去世，幼年在香港仔黄竹坑生活，外祖父在一个农场种菜、养鸡，母亲起初也在农场做工，后来接一些穿胶花、粘火柴盒的手工活。外祖父喜欢旧诗词，擅长书法和对联，常跟儿孙讲广东才子伦文叙的故事。母亲在做手工时，《长恨歌》《琵琶行》《赤壁赋》《李陵答苏武书》念得琅琅上口。家庭的影响使梁秉钧对中国古典文学产生了兴趣。

母亲后来到小学教书，梁秉钧读小学五年级时随母亲搬到北角。在小学，他读遍家中由大陆带到香港的五四作品。朱自清编的《新文学大系》诗歌卷，是他的新诗启蒙，喜欢朱自清、闻一多、周作人、李金发、徐志摩的作品。当时香港旧书店老板还用速印机翻印20世纪三四十年代的新诗集，为文艺青年青睐，梁秉钧买过卞之琳、穆旦、李广田、王辛笛的诗集。他的舅舅到台湾读书，带回一些台湾的诗集，使他开始关注纪弦、痖弦的诗。

在中学后期，梁秉钧在中环、尖沙咀的旧书摊发现不少外国书，或者去书店订一些外国的诗集，自己开始学翻译。考大学时，他选了浸会大学英文系，开始研究现代诗。他回忆："当时我很想理解外国的文学思潮，1960年代是一个压抑又躁动的年代，法国、美国有学生运动，中国有'文化大革命'。香港这都市迈向现代化，东西文化互相冲击，有商业化的问题，我在这都市成长，遇到的新事物想寻找对应的写法。但是五四文学很少写到这种城市，所以，我向法国、东欧、拉丁美洲的文学寻找参照。"

梁秉钧认为自己成长的年代正与香港本土文化的发展同步。"香港的社会在变，1967年暴动，之后采取方法去舒缓社会的内部矛盾，解决贫富悬殊、贪污的问题。所以1970年代开始有廉政公署，九年免费教育，建公屋。战后婴儿潮那一代刚刚成长，1970年代比较宽松的社会环境之下，年轻一代开始有机会在报纸上写文章或者办杂志，《中国学生周报》《大拇指》就出现了。我们1970年代开始写小说，就想着怎么去写香港的故事。以前难民那一代,可能不是很想写香港,如果是在香港长大的人,面对的是香港的现实,就会尝试写香港的故事,有一个从抗拒到同化的过程。"

梁秉钧从浸会大学毕业后,辗转任职多间报馆,熟悉香港草根阶层的生活,认识了许多传媒、艺术界的朋友。他写了八年的专栏,涉及书评、影评、艺术评论,出了一些书。1972 年,梁秉钧和朋友合办《四季》杂志,尝试做了一个加西亚·马尔克斯的专辑。当时找一些朋友,通过英文、法文将《百年孤独》的第一章及他的四五篇短篇翻译出来。第二期做了一个博尔赫斯的专辑。1982 年,加西尔·马尔克斯获得诺贝尔文学奖,后来中国大陆、台湾才翻译其作品。梁秉钧说:"我们在香港比较早接触这些东西,也很想借鉴这种有热情也有艺术性、社会关怀的文学。"在 1978 年出版的第一本小说集《养龙人师门》,梁秉钧就是尝试消化魔幻写实手法去写香港的都市面貌。

多了一些生活经验之后,梁秉钧想继续读书,就申请奖学金。他对比较文学感兴趣,觉得中文、英文的东西都读过,想打通它,从新的角度去思考东西方美学的问题。1978 年,梁秉钧赴美攻读研究院,1984 年获加州大学圣地亚哥分校比较文学博士学位。留学期间,梁秉钧喜欢比较文学涉及面很广,跟哲学、历史、艺术、电影都有关系,而这些正跟他以前的工作紧密相关,他先做了一轮实践,再学习时可以站得更高地看问题。写博士论文时,梁秉钧关心的是现代主义的问题。他本来想做的题目是研究美国诗人,例如庞德、盖瑞·施耐德受到中国古典诗影响。后来发现美国学界研究诗歌的材料很多，反而中国诗歌的材料很少。他认为中国新诗在 20 世纪三四十年代是一个很重要的时期，一方面是战乱与政治的变幻，使文学家受到很多困扰，另一方面，那段时期也出现了很多有意思的作品。中国的现代主义文学跟英美的奥登、庞德的现代主义完全不同，梁秉钧尝试用理论去讨论，在某种意义上为这些中国诗人重新定位。

梁秉钧整理中国 20 世纪三四十年代新诗历史时，在香港、美国国会图书馆、加州大学、斯坦福大学、哈佛大学的藏书中找到了很多材料，重新发现了一些诗人诗集，终写成论文《抗衡的美学：中国新诗的现代性：1937—1949》。在这留学阶段写成的诗集《游诗》，除了受到当代美国后现代诗风的冲击，也向 20 世纪 40 年代诗人吴兴华与辛笛等致意。他在加州遇到复出的卞之琳与袁可嘉。写完论文回港任教之后，梁秉钧仍然保持对收集新诗材料的兴趣。1987 年到上海交流，他访问了孙大雨、罗洛、施蛰存、辛笛。他也继续寻找一些诗人的下落，像广州的梁宗岱、欧外鸥、李育中，他说："我一直对香港和广州的关系很有兴趣。当年诗人李育中、欧外鸥、林英强、侯汝华、刘火子都跟香港有来往，办杂志，发表作品，或在港生活。以前有'省港澳'之说，粤剧的戏班很自然在省港澳演出，当时没有海关，大家交流顺畅。"

从美国学成归来，梁秉钧曾任教于香港大学比较文学系，后为香港岭南大学比较文学讲座教授。他的学术研究和教学的课题，都跟社会现实有关。他说："我在学院里面是一个没那么象牙塔的人。主要是因为我自己的背景,我在报馆工作过,做过记者,我也试过通宵当新闻翻译,明白世界是怎样运作的,不会只是在学院里高调地讲理论。"他近期的研究是尝试整理 1949 年之后南来一代文化人的历史:"当时很多文化人来了香港之后,丰富了香港的文化。他们慢慢融入社会之后,为香港带来一些正面的能量。"

梁秉钧喜欢电影、旅行、饮食。而他为文化界公认的成就是诗歌创作,常常作为香港诗歌的代表人物与世界级诗人对话。他笑道:"我对'对话'很感兴趣。对话,不是自说自话,而是明白别人的立场,但也有自己的立场,重要的是大家要怎么沟通,找到一个中间点,大家可以互相理解、交流。西方对中国文学的理解,或者中国对西方文学的理解,现在还是存在很多隔膜。如果能够更好地对话,进一步认识对方,对大家都有好处。"

第一本诗集《雷声与蝉鸣》在 1978 年出版,是与城市、与东西文化的对话。绝版多年后,最近为与诗集同龄的年轻诗人与艺术家复刻再版。写诗,在梁秉钧心里有非凡的意义:"写诗是一种平衡自己的力量。如果有时间静下来写诗,是帮你向内看,反省自己的生活。你每天可能忙忙碌碌做很多事,很多时候是身不由己的,写诗是在平衡自己的时间和空间,是自己沉思、默想的空间。"而在香港当教授,尽管工作繁忙,他还是觉得很有意义:"接触一些年轻的学生,你的思想不会停滞在一个地步,会有新的问题,新的刺激,你要反省,思考。"

李怀宇：在新文化运动之后，中国的新诗是受传统古典诗词的影响大一些，还是受西方现代派诗歌的影响大一些？

也斯：两者都有。当时大家觉得最明显的是新诗跟传统是断绝的，说什么打倒孔家店。但我的研究是讲它的延续性。其实，第一代的五四新诗人，旧学根底都很好。闻一多、朱自清、刘半农都有深厚的旧学根底。沈尹默后来以书法家名。他们要摆脱当时的条条框框，不要写八股文，但是他们没有完全否定传统的东西。而且，新诗革命也不是从胡适开始，梁启超、谭嗣同到后来的刘大白，在旧诗和新诗之间，也经过一段挣扎、共存、互相补足的探索。

我们现在经常讲，胡适的《尝试集》是第一本新诗集，跟传统决裂。胡适写文章很强调新诗，但是看初版的《尝试集》，其实里面有一半是旧诗。它是由旧诗的形式挣扎出来的，本身是不彻底的，这未必是坏事。过去大家强调新诗西化的部分，但传统的部分一样重要。所以，我觉得比较文学有意思，就是因为它不只是讲传统，或者西化，而是看在两者之间怎样协商，去找一条出路。

闻一多对神话、《楚辞》《诗经》很有见地，没有抛弃传统。但当时要推动新诗、白话，大家好像讲多了。其实，鲁迅、周作人旧文学的功力深厚；到后一代的林庚，后来在北大教古典文学的，虽然他是新月派，但是他的诗有不少旧诗词的痕迹。沈尹默、吴兴华的古典文学的修养也是很深的。当时好像有一种非此即彼的观念,不是西化就是传统的,其实他们是做了调和的。所以1940年代的新诗可能是最成熟的,没有表面化地跟传统对立,也没有表面化地抄袭和借鉴西方的东西,比较成熟地消化了两方面的东西。冯至、穆旦、郑敏、辛笛这些人的诗是比较成熟的,能看到1940年代的时代背景,但另一方面,也注重诗的艺术性。

李怀宇:记得有一次,有人评20世纪的新诗人,将穆旦评为第一名。

也斯:我觉得评名次就没什么意义。台湾很喜欢选中国十大诗人,这是没什么意义的虚荣,因为写诗也不是为了排位,这不是一种竞技,又不是赛跑。诗可能有很多种风格,有些人喜欢豪放,有些人喜欢婉约,各种各样的风格应该可以并存的。

李怀宇:唐代的诗坛就是名家辈出。

也斯:唐代的确是一个丰盛的年代,也有佛教这些外来文化的影响,本身的文化很丰富,就不怕外来的影响。由初唐四杰,发展到李白杜甫,晚唐仍有很精彩的作品出现,这是一个很难得的年代,在各方面的文化都很兴旺,是比较包容、多元。个人的修养是原因,但有时整个时代气氛也是有影响的。台湾在1960年代也曾经兴盛,有一些诗人写得挺好。其实香港在1970年代也有一些比较出色的诗人。中国大陆在"文化大革命"后,北岛、顾城一代也做成一种气势。那个时候,大家对诗还有一种向往、尊敬、仰慕。现在大家比较冷静,每个诗人自己走自己的路,也未尝不好。

李怀宇：你一直对电影很感兴趣？

也斯：是啊，是从香港开始的。因为 1960 年代香港有一个电影协会，我还是中学生的时候，它就专门放一些外国艺术电影。当时法国文化协会每年三、四月在香港举办一个法国电影节，将最新的法国电影带过来。当时我们看了很多法国电影，还有意大利新写实主义、德国电影。我很早就开始在报纸写影评，1970 年在香港写专栏之前，已经在一些报纸杂志写影评了。当时电影对我们的冲击也很大，有些时候，我是通过看电影，才发现了不同的欧美文学。所以，电影给我带来一些不同的启发、不同的叙事方法，对我写诗和小说也有影响。比较文学跟跨媒体也有关系的，比较文学也有研究文学跟艺术、电影的关系。所以，我在美国的时候，也修读了很多电影课，喜剧电影、默片、侦探片、电影的类型、电影的叙事、国家电影、都市电影。我从小就喜欢看戏，我也研究电影，以前用电影教书的时候，学生就比较容易进入它的世界，可以通过电影再介绍他们去看文学的作品，讲理论的东西。

李怀宇：我们以前对文学的认识多是在文本上，但自从电影出现了以后，好像影响已经盖过文本？

也斯：现在影像媒介的影响是比文本媒介大，我们现在写作或者教书都面对这些问题，学生显然会对电影更感兴趣。所以，我有时想通过电影去让大家思考一些问题，有时可能通过电影去看文学。在改编的过程中，电影可能顾及市场、放映时间、制作局限;原著可能会复杂一些,人物描写可能会深入一些。有时小说里面有一个历史文化背景,改编成电影之后会把这些东西减弱了。如果学生是喜欢看电影的,就尽可能把他们带向文学里面比较深刻的描写,对人性的描写,对社会文化的写法。通过电影帮他们思考视觉文化的问题,我们现在每天免不了会受到视觉文化的影响,看电视、逛街会看广告,就算在香港坐公车也会有电视,每时每刻都受到广告、电视、传媒的影响。影像文化也是一种文化,它尝试说服你去买某一种产品,有一套语法,带出一套意识形态。教学生理解视觉文化的运作方法,使他们在日常生活里面,就算是看电视、看广告都会多一些反省。现在上网很方便,每个人都用手机,视觉文化是你逃避不了的。那就可以通过电影,或者视觉文化,帮他们理解日常生活中所处的世界,或者他们接触到的媒体的各种问题。另外,想在文学作品里面寻觅价值、意义,这亦可通过电影带出来。电影大师有自己一套人生观。《红白蓝》《十诫》的导演,波兰的奇斯洛夫斯基,他对人生就有自己的反省。我们通过电影跟学生深入探讨问题,譬如《十诫》,它不是站在基督教的角度去宣扬宗教,而是从现世的、哲学的、普通人面对的问题去重新思考好似旧教条的"十诫"。这也像好的文学作品一样有价值。电影无疑是比较能够跟学生沟通交流的一种媒介。

李怀宇:以前我们的时代还是看古典文学的原著,那时电影、电视没那么发达。现在电影和电视的冲击,大学生还看原著吗?

也斯：要引导他们，你就这样叫他们看，他们未必看的。他们未必会去看《安娜·卡列尼娜》，但放了电影，不管是好莱坞、苏联或是 1950 年代粤语片的改编，选一些片段，作一些比较，引起他们的兴趣的话，他们可能会去看。尤其是对文学有兴趣的同学，理解传统、经典是很重要的。现在一些年轻作家都不看过去的东西，就看最时髦、最流行的东西。流行日本漫画，就看日本漫画。在他们的作品里面，看到有一些噱头，但是缺少深入的反省。我们教文学，流行文化要知道，但还是经典作品可以教更深入更细致的东西。

李怀宇：你很喜欢旅行？

也斯：是啊。有时候觉得旅行可以让你多看这个世界，多看不同的人的生活。这跟我自己读比较文学也有关系，因为比较文学也重视不是单一的文化，这个世界有很多种文化，各有优点，通过看异同，就可以看到很多东西。有时一些同学去旅行，去大陆、台湾还有去国外，日本、美国做交流生，回来都会有一些收获。看看别人不同的生活方式，自己的脑筋不会太单一，会多想一些解决问题的方法、生活的态度、价值观。通过旅行，看到很多人的生活之后，未必觉得名牌是很重要的，未必觉得购物、消费是最重要的。别人可能有很多种生活的方式，自己能找到一种心安、快乐的方法。旅行也可以认识不同的文化，不同的人，不同的地方。我自己是喜欢旅行的，也写了一些这方面的散文。最早是 1970 年代写台湾的《新果自然来》、1980 年代写大陆的《昆明的除夕》，后来有写纽约和东欧的《越界书简》、写柏林的《在柏林走路》。

1998 年柏林请我做驻柏林的作家，我在柏林留了很长时间。我很喜欢柏林这个城市，因为可以看到很多历史的层次，战前的、战争的、战后的。德国人很能面对历史，他们不逃避，而且有时会深刻地反省，这是很难得的。他们会把艺术的创作跟对历史的反省联系在一起。德国的小说家格拉斯对德国的历史特别有反省。

李怀宇：是不是去欧洲比较多？

也斯：是啊，常去欧洲，但是近年也去了亚洲很多地方，日本、韩国、马来西亚、新加坡、印度尼西亚。我跟日本文化评论家四方田犬彦做了对谈，谈东京和香港的城市文化，名为《往复书简》，在东京讲谈社出版。

我刚刚回来香港教书的时候，1985 年左右跟大陆有一些半官方半民间的交流，当时遇到一些作家，像老一辈的汪曾祺、陆文夫、高晓声，也见到年轻一代的刘索拉、张辛欣、王安忆，大家沟通得挺好的。1985 年前后，中国也出了第五代的电影人、音乐家、小说家和诗人。我的散文集《昆明的除夕》，就是写 1980 年代遇见的文人、艺术家、内地的风土人情。

李怀宇：我很喜欢汪曾祺的文章。

也斯：我也很喜欢，他不装腔作势，跟他交往很舒服，当时跟他比较聊得来，他叫我去北京看他，还说要做饭给我吃。他很会下厨，对生活充满兴味，能文善画，还说送画给我。1980 年代之后他病了，我没法去看他，他后来就去世了，真可惜。但他来过香港很多次，我跟他很聊得来。我之前也去过苏州探望陆文夫，他带我去吃饭，介绍我认识当年跟他一道下牢的大厨师，教我体会更多《美食家》中的细节。当时的交往都很纯粹，大家都喜爱文学。

李怀宇：中国古人说：读万卷书，行万里路。旅行跟读书都很重要，这种修养对写作是很有帮助的。

也斯：一个学生在香港的环境长大，到十几二十岁的时候，有什么会使得他思考多一点？在一个很安稳的环境，未必就会思考很多东西。读书、旅行，反而有机会拓宽他的眼界，使他多思考问题，使他在成长中多一些可以参考的东西。所以，读书和旅行都是很重要的，可以令一个人不会僵化，脑筋不变成铁板一块，可以比较好地理解各种人情世事。

在西方，像歌德、赫瑟他们写的成长小说，就写主角入世的漫游，是经过旅游去认识世界。一开始他可能读了一点书，但是对世界不是很认识，通过旅行，他遇到一些人，有些人对他有启发，有正面的，也有负面的影响，慢慢地去摸索。在西方的成长小说里，旅行也占了一个重要位置。

我觉得游记这文类也是充满可塑性的，最通俗、最流行的文化，报纸、杂志都会介绍去外国旅游，也可以是一种商业性的写作。旅游文学包容广泛，一方面可以是通俗的，大家都喜欢看的东西，也可以写深入一点，精致一点。

李怀宇：你写了很多关于饮食的文章，像这本《人间滋味》就很特别。

也斯：我原来一直喜欢写人物,喜欢写旅游。有一次,加拿大温哥华有一个文化节请我去演讲,我 1995 年出版了《香港文化》,眼见讲理论的人开始吵个不亦乐乎,我觉得讲得有点厌了,就不想重复自己。刚好我写了一些诗是关于香港食物的,我就想不做演讲,做一个诗跟摄影的展览,通过食物去探讨香港文化的问题,他们觉得很有兴趣。展览之后,反应也挺好的。所以我写了一些跟食物有关的题材,写东西之间的诗后来结集成《东西》,写亚洲日本的后来结集成《蔬菜的政治》。小说更好写人物心理、时代变化,我就想另辟途径,从 1998 年开始用小说写回归后的港人生活,后来写成《后殖民食物与爱情》。这本小说是比较多角度地写了 1997 年之后一般人的心态。因为大家觉得回归之后,会不会很惨,会不会很高兴? 其实,一般人的生活还是如常的,但是中间会有一些微妙的变化,有一些是个人的,有一些是社会上的,譬如 SARS,非典时期,有很多问题出现,怎样处理这些问题? 我就想从普通人的角度去写香港生活,当时就想写食物,食物好像是最普通的人际来往的东西。最近的《人间滋味》则是通过散文去写,其实文类不同,出发点是不同的,同是谈食物也想有不同的尝试。

李怀宇：你写的风格跟香港很多人写美食是不一样的,跟蔡澜、李纯恩他们是完全不同的。

也斯：其实我也认识两位经验丰富的食评人:唯灵和蔡澜,跟他们一起吃过饭,也拜读他们的专栏。大家角度不同,每个人写东西都有自己写法。《人间滋味》是为《明报》"星期天杂志"写一系列生活散文的专栏。我自己运气还好，不是靠写食评赚钱，如果你在报刊定期介绍食肆，就免不了要有很多交际应酬，有时免不了要帮别人美言几句。香港还有专以搞旅行团带队去上海或苏州吃东西维生的，那写的东西就不免有点宣传的意味。

我好像是客串去写食物，不用捧哪一家食肆，哪个大厨，我只写我个人感受，或者通过食物去写人情、人事。我向往周作人、梁实秋、林文月、逯耀东那种写食物和人事的传统，不想做功利的饮食指南。最理想是用散文写饮食，像张岱、袁枚那样，本身是生活的艺术。如果只是写这种食物好吃还是不好吃，就比较像常见的饮食指南。我但愿可以天马行空，可以挖深来写。

李怀宇：我印象很深刻的是，你写到跟宋淇先生吃西餐，我留意他对人很好，跟张爱玲、钱锺书、夏志清都很熟。

也斯：他跟傅雷也是深交。他很尊重朋友，也很维护他们。他来了香港之后，广义地传扬传统文化，亦推介了新文学中优秀而被时代忽略的，例如他朋友的作品。他在 1973 年创办《文林》杂志。那时我刚刚出来学做编辑，进《文林》工作，其实就是跟宋淇先生做事。我通过宋先生接触到很多优秀的传统与现代文化，如黄宾虹和关良的绘画、周文中的音乐、叶嘉莹的诗话、乔志高的翻译，他对中国传统艺术、诗文、翻译，造诣高深。他是 1950 年代从上海来到香港的文人代表，所以我用"吃西餐"来借题发挥。在《文林》工作，不会遇到旧式工作人事："我是老板，你是员工。"而是比较平等、民主、文明的方法做事。当时我们接触到的上一代人，他们的处事态度给了我们很好的启发。宋淇在香港中文大学创办翻译中心，但学院以外，他之前还做过电影公司！像在邵氏那样的公司，可以想象是很难做的。1950 年代南来一辈，面对香港的新环境，都尝试用自己的智慧开拓不同的出路。

我写食物，还是想写人的素质，遇到不同的事，他们怎么去处理。现在讲政治，大家好像觉得非黑即白，我是什么党，你是什么党；或者，你是什么派，我是什么派。但其实要看人，人本身的修养、原则，怎样解决问题，才见高下。我就是想通过饮食，去写人的问题。

李怀宇：1950 年代香港的南来作家，你觉得哪几个人比较有代表性？

也斯：宋淇带着清华才子、办《西洋文学》的才情，来到香港在学院内外筹措。刘以鬯从上海来，有点继承了穆时英、施蛰存那种都市的、现代的风格，来到香港写作，在商业社会进退周旋。曹聚仁的杂文、古典文学、文史修养很好，他也做记者，有时候他写的东西，左右都不讨好，始终有点不得志，但他写了很多东西，本身也是优秀的作家。

上海过来之前有叶灵凤，来港后多写书话以及香港掌故。还有徐訏，从过去浪漫的《风萧萧》转到写小人物的《江湖行》，以至后来较哲理性的小说。上海来的还有易文，他是一个导演，也是一位小说家，后来在邵氏、电懋等，拍了很多电影，也写了很多小说。导演还有费穆，来到香港成立龙马电影公司。还有朱石麟、马徐维邦。

另外有一些是从广州过来的，譬如力匡，他 1950 年代过来写诗和写小说，是挺受重视的一个作者，也做编辑。他来香港之后，就写了一些怀乡的东西，像广州越秀山，他中学在广州的生活，来香港之后，也写过一些香港的题材，后来他就去了新加坡。他的小说也写得很好。写小说的还有齐桓、黄思骋等人。从广州过来的戏剧电影方面的人才有李晨风、卢敦。从事天空小说的李我，后来以写杂文怪论出名的三苏等。

我做研究，很喜欢的导演是胡金铨。胡金铨本来在北京读美术的，他来到香港之后没事做，就去做校对，第一次是校对电话簿。电话簿是很难校对的，不是文章，只是人名和数字。第二份工作是校对佛经，做了很多这样的工作。他本来是美术出身的，后来就去片场画布景，之后做副导演，再做导演。他对中国传统的建筑、音乐、儒道佛的思想都很有研究，所以他开创了一些新派的武侠电影，在里面融汇了一些中国传统文化。我很尊敬这一代人，他们就像桥梁，带了一些东西过来。

李怀宇：香港最近好像在重播《大醉侠》？

也斯：《大醉侠》就是胡金铨帮邵氏拍的一部戏。后来很多人说《大醉侠》跟张彻的《独臂刀》开了新派武侠电影的先河。《大醉侠》拍得更早。新派武侠小说就要数梁羽生和金庸了。后来胡金铨离开了邵氏，邵氏就捧了张彻。张彻电影比较血腥，很男性、很暴力。胡金铨是比较文人的，他的电影里面有很多智慧，他熟悉明代的历史、中国传统文人的琴棋书画,对传统的陋习亦有批判。他们这一代像是香港和传统文化之间的桥梁,做了些奠基的工作。

胡金铨是个相当不错的导演。但是他到最后有点不得志,他本来是想拍《华工血泪史》,讲华人当年去建铁路的事。他一直有个心愿想拍这部戏,到最后找到钱,准备开拍了,之前检查心脏,说要做一个很小的手术,最后却出了问题,真是壮志未酬。

1970 年代是香港文化本土化的开始。胡金铨他们在 1960 年代至 1970 年代初做了很多好作品,但当时很辛苦,邵氏一定要是商业化的东西,胡金铨受不了邵氏,就去了台湾,后来就找一些独立的公司拍片。在胡金铨之后,就是许鞍华这一代,这一代就是本土的一代。许鞍华、方育平、徐克,他们都做过胡金铨的助导,不是很明显的师徒关系。徐克开始是很仰慕胡金铨的,所以他后来就拍《新龙门客栈》,因为胡金铨拍过《龙门客栈》。

像许鞍华这一代,去外国读电影,读完回来在香港的电视台工作。当时电视台也是刚刚开始,就没有那么多限制,他们就有机会发挥自己的长处,拍纪录片、剧情片。整个新浪潮电影那一代,都是通过本土化的电视,开始拍自己的第一部戏。1970 年代也是文学本土化的开始。

李怀宇:许鞍华后来的电影像《天水围的日与夜》《桃姐》多是讲香港的草根阶层的生活。

也斯:大家都觉得许鞍华比较亲近,因为都是那一代的人。

电影比文学更难生存的，因为要投资，要有老板，而且一部戏的成本很高，老板一定会想能不能回本。当年跟许鞍华一起出道的有很多导演，她算是比较能够生存下来。她拍过很多题材，有一些题材并不是她自己喜欢的，她也会拍，因为有时有人愿意投资拍一部戏，她就拍了。有好有坏，但她始终能保持一定的水准。《天水围的日与夜》是拍草根阶层拍得比较好的。她也有很多作品是拍中产阶级的，也拍过武侠片、警匪片、鬼片、喜剧、文艺片。她还是对本土的题材比较感兴趣，她去上海拍《姨妈的后现代生活》就拍得不是很出色。

李怀宇：现在有一种现象，就是香港的导演、演员喜欢到内地合拍电影，但要融合起来是不容易的。

也斯：我觉得《姨妈的后现代生活》抓不到今日上海的那种状况，又写不到后现代社会的问题。而且两类演员有两种不同的演技。斯琴高娃是比较写实的，是内地的演技，周润发是香港式的演技，两个放在一起，化学作用怪怪的。也是一种尝试，但不是她最好的东西。反而她拍香港有不少佳作，尤其一些小品式的，像《天水围的日与夜》的确是抓到小社区的一些东西。

李怀宇：你觉得1997年之前跟1997年之后的香港文化有什么变化？

也斯：有变化，很多外面来的报道不是很明白香港的情况。1997年之后，面对很多起伏，经济的问题、SARS的问题。在报纸上还是可以看到各种言论。但是在民心上，还是有很多深层的矛盾。每一个新的年份都可能出现一些新的问题。我写《后殖民食物与爱情》的时候,就不想用"三部曲"的方法写历史。

对于住在香港的人来说,1997 年不是一个结束,1997 年之后,你还是要生存下去,还有新的问题要面对。之前要写香港的时候,好像很繁盛的渔港,到 1997 年就完成了。但是对大部分人来讲,民生方面还会面对新的问题,一般人怎么生活下去呢? 并不是全部都是泛政治化的问题,而是一些民生的问题,个人的问题。移民,家庭分散,内地来的移民,香港人移民到加拿大,很多是这种小问题。香港有很多不同的族群,不只是中国人,还有印度人、日本人、菲律宾人。外国人留在香港,应该怎样体会这些人的生活? 我自己觉得,变化是有的,文学就是用来探讨这些变化,变化不一定是好的或者坏的。新的问题出现,譬如非典疫情、民众的民生诉求、人的身份认同危机,应该怎么去解决? 经济不景气,雷曼炒孖展①炒亏了。这些民生的问题,我想从这个角度去理解和探讨。

李怀宇:香港人会觉得买车买楼是人生最高的目的?

也斯:这种观念为什么会形成? 受英国殖民统治的时候,不想让大家想太多东西。一般人的收入的三分之一、二分之一是用来交租或者供楼的。为什么这么多人想买楼? 因为没有安全感。楼价一直在升,没有管制的。一个普通人收入的大部分钱都用在

①　炒孖展:指透过杠杆效应放大投资回报。

这里。另外，社会又在不断地宣扬：明星、名牌车、名牌时装。传媒里面，一叠报纸十张里面有七张是讲这些东西的。不是很多报纸会有书评，会有很多反省，会思考其他问题。所以，社会给年轻人的选择和出路就不是很多，不过，现今年轻人都有很多反省，很多人对价值观有反省，这也是一件好事。

但是因为整个社会的不健全，地产就是霸权，大部分人出来工作，很多钱是用来交租的，没有人想买楼的，但是过几年，租金还是会涨，根本应付不了。老了怎么办？也没有很好的退休福利保障。这些都造成了民心向背。虽然我们写小说，并不是在小说里面解决很多问题，但是想理解现实，除了报纸传媒渲染的人生之外，一般人在现实生活里会面对的一些问题，这些问题未必一定是政治的问题、地产的问题。电影有时候会给你一种逃避、娱乐、幻象。但文学希望可以思考什么是我们的价值观念，怎样的素质是我们应该尊重的，这些东西是普通传媒不讲的。

李怀宇：以前常听人家说"香港是文化沙漠"，作为香港人，你有什么看法？

也斯：是啊，讲了很久，香港人自己也讲。香港人也不是很会讲香港人做了些什么，香港政府也没有整理香港做的东西，反而台湾就很擅长整理台湾做的东西。在殖民统治时期，政府对文化方面特别不鼓励。投钱进去的行业是演艺，因为演艺可以是一种娱乐，娱乐的时候就没有那么多政治上、思想上的问题。1950年代的作家做了很多工作，对于今天也有参考作用，但是政府没有很好地整理,所以年轻的一代也不认识这些东西。好像香港也甘于将自己定位为购物中心,所以,别人就看不到你有其他的价值观念,重视其他的人文素质,这是最可惜的。

某方面来说,可以说香港是文化沙漠,也可以说它不是。沙漠,好像是说这个环境一直不是很鼓励文化上的发展,但是很奇怪的是,有很多人在这里做了很多事。如果有人愿意去整理,会发现里面有很多值得看的东西。我想,跟认识、讨论的模式也有关系,譬如大陆有作家协会、《人民文学》、《收获》,但是香港的模式是没有这些东西的。而且香港人不是很喜欢结社、组织协会,个人就是做个人的事。所以,你会找不到对等的东西。香港写稿的人,可能是两栖动物,写商业流行的小说,也会写一些严肃的小说。在内地是不会有这种模式的。但这也是香港从商业社会里发展出来的一种模式。如果可以理解这些,就会看到香港多一些东西。沙漠也有仙人掌,都有很多种不同的植物,如果不只是要求一种玫瑰花,那就可能有其他的植物,这些东西可能也是值得看的。

也斯

1949—2013 年,原名梁秉钧,1949 年生,加州大学圣地亚哥分校比较文学博士。岭南大学比较文学讲座教授。创作有诗集《雷声与蝉鸣》《博物馆》等十一卷。小说集有《养龙人师门》《剪纸》

《岛和大陆》《记忆的城市·虚构的城市》《布拉格的明信片》《后殖民食物与爱情》。小说《布拉格的明信片》及《后殖民食物与爱情》曾获第一届及第十一届中文文学双年奖。诗集《半途》获第四届中文文学双年奖。

在台湾出版散文集《灰鸽早晨的话》《神话午餐》。在香港出版《山光水影》《街巷人物》，其后写有文化旅游散文《新果自然来》《昆明的除夕》《在柏林走路》《越界书简》等。在大陆出版《在柏林走路》《也斯看香港》《人间滋味》《书与城市》《香港文化十论》等。

董启章

————

整个世界都是小说

香港九龙塘又一城人来人往，Page One 书店的咖啡厅却很安静，董启章送孩子上学后，在这里看书会友，畅谈读书时光和写作生活。

董启章中学成绩优秀，考入香港大学时，却选择了中国文学专业，一年后转念英国文学和比较文学。他解释转专业的原因："第一，当时的香港大学中文系比较保守，教学方法没有新鲜的东西，所以觉得有点失望，后来就去尝试听听英文系和比较文学的课，那边的教授教书方法很不同，比较重视启发，而不是把一些既定的东西告诉你；第二就是以前看外国文学也不多，在大学接触之后就有新鲜感，也希望多学一点，后来就转到比较文学系了。"

1989 年，董启章本科毕业，接着攻读硕士学位，两年以后开始写作。当时《星岛日报》新开一个叫"文艺气象"版面，编辑鼓励年轻人创作，董启章一个月发表几千字的小说，大受鼓舞。可惜"文艺气象"办了一年就停了。董启章心想："没有别的发表空间，不如参加比赛。"当时正是台湾文学奖的黄金时代，便从香港投稿到台湾。1994年，董启章获台湾联合文学小说新人奖，1995年获联合报文学奖长篇小说特别奖。

1994年，董启章硕士毕业，试着去求职，找过一两份工作都不顺利，就决定在家写作，拿奖以后觉得暂时可以生活下去，便没有找工作。迄今为止，董启章没有一份正式的工作，全都是兼职，主要在一些大学教写作课。

在香港，单靠写作很难维持生活。如果成为专栏作家，便有一份固定的收入，董启章却觉得自己不适合写专栏。有一段时间，他写了很多书评，每个月大概有几千块的稿费收入。对家人的反应，董启章说："可能刚开始不太明白，因为我以前念书蛮好的，大学时我跑去念文科，已经是属于不怎么赚钱的科目，毕业后也没去找工作，在写文章，但是也能够生活，所以他们也没有特别要求我去改变。我的家人还是很包容我。"

董启章的太太在香港中文大学中文系教书，收入稳定，使董启章不必担心生活的问题。因为董启章的时间有弹性，多由他照顾小孩，白天送孩子上学、放学，晚上陪做功课。而自己上午到下午都非常有规律地写作，通常可以写三千字。

谈到香港文学创作的前辈，董启章说，刘以鬯对年轻作家非常支持。他只见过西西一面,"从我认识香港的作家起,她就从来没有参加过公开场合的活动。她一直在香港生活,但是避免和其他人交往。"在董启章看来,也斯则是乐于交流的人,"除了香港,他也常常到外国去,交了很多朋友,他跟西西是相反的类型。听说他得了肺癌,大家都很担心。大家也很奇怪:因为他不抽烟,但为什么会有肺癌?"

2009 年秋天,董启章应邀参加美国爱荷华大学的国际写作计划,这一年同去的是作家格非。董启章说,爱荷华城很小,几乎所有的地方都可以走路到达。女作家聂华苓是爱荷华的灵魂式人物,董启章说:"就是因为她非常主动邀请作家去那边参加写作班,重要的华文作家几乎都去过了。"董启章常常受邀到聂华苓家,偌大的房子,现在只住她一个人。"家里摆放的东西,我相信是和她丈夫安格尔生前一模一样的。在她家二楼客厅的一角,放着一些报纸,最上面的一张就是她丈夫离开那天的报纸,可以想象,这些年来,这张报纸没有动过。"董启章难得和外国作家交流,深受启发,并在那里完成了新长篇《学习年代》。

临别时,我问:"在香港写小说会不会觉得寂寞?"董启章淡淡地说:"可以这么说,但也不一定。所谓'寂寞',就是作家在创作时把自己封闭在一个空间里面,而发表空间很小,出了书也没有人注意,会感觉自己处在真空状态,也不知道写之后的结果。如果这样说的话,会觉得寂寞。但是,我看到很多年轻人经常见面聊聊写作的情况,所以,虽然你写的时候是一个人,但是也不会觉得没人跟你一起做。"

李怀宇：在大学读书时，你在文学上哪方面的养分吸收多一些？

董启章：西方的比较多些，虽然我大学念的是比较文学，所谓西方文学就是这里学一点，那里学一点，也不是很全面。

李怀宇：有没有特别喜欢的作家？

董启章：在读研究院时，我研究的是法国小说家马塞尔·普鲁斯特，把他的书都看完了。在本科的时候就很喜欢他，当时只是读了一部分他的书，非常喜欢，于是就告诉自己，如果想更好地读完他的书，就把他做成一个研究题目吧。他对我的影响最深，也有其他人的影响，比如科尔维诺、博尔赫斯等。20世纪90年代中以后，影响我最深的是大江健三郎。

李怀宇：西方小说与中国小说的传统有什么不同？

董启章：中国的小说在青年时期也看过，真正吸收的东西不多，我觉得不同的国家、不同的文化、不同的文学，各自有自己特殊的地方，也不能绝对地说哪一种比较好。我在中学的时候，喜欢中国文学，那时教的都是古典为主，也受到有修养的中文老师影响，后来觉得没办法突破新的看法和观点，所以到了大学就产生一个转变。

李怀宇：在香港生活的痕迹对你的创作有很大的影响？

董启章：当然，我主要写香港的题材。我在这里成长的经验，我父母的经验，这段历史的背景对我的写作是很重要的，我在《天工开物》中写我的祖父到爸爸到我三代在香港历史背景下的生活。所以，我想象不到，不写香港的题材，我写什么？当然，我有个看法，想写一部对香港人有意义的书。我也尝试把香港发展到今天的形态与同类型的当代社会文化去作比较，希望有一种普遍意义的探索。

香港一方面很商业化，另一方面也很自由，没有政治的限制。你可以很自由地去找自己喜欢的东西，做自己喜欢的事情，但是你能不能够做到，能不能生存下去，这是你的问题。如果能，那就没有东西限制你，而且在表面商业化的底下，也有从事文学和艺术的人，不过是比较少数的、看不见的，但是他们是存在的，而且也做得非常好，我受本地作家前辈影响也很深，像刘以鬯、也斯和西西。

李怀宇：《天工开物》要写成一个系列吗？

董启章：是的，系列本身称为"自然史三部曲"，分成三部分，《天工开物·栩栩如真》是第一部，第二部《时间繁史·哑瓷之光》在 2007 年也出版了，第三部目前刚刚写完上半部分，叫《物种源始·贝贝重生》。不过第三部上半也有叫《学习年代》，刚刚完成，在台湾出版。

李怀宇：在《体育时期》里怎么会用那么多粤语？

董启章：这已经是经过改动了，原来的版本粤语更多些，在

2003 年出了一个香港的版本，那里面有很多都是粤语，现在这个版本就是台湾版。最初写的时候主要是针对香港的读者，还没有想到在香港以外的地方发行。这个题材非常生活化，我也想尝试一下粤语的运用。我不是要去推动粤语写作，但是我觉得在一些特定的地方适合做这个尝试。我想实验运用粤语去书写严肃的、思辨性的长篇对话的可能性。

李怀宇：你当初写作的时候有没有考虑到读者的问题？

董启章：我所考虑的就是能了解我的读者。我自己就是自己的读者，就是假设有一个人，也有时候去假设更厉害的读者。所以，自己写的时候会反复对自己的写作方式产生疑问，从批判角度来思考并根据这种方式进行自我对话，然后才去写小说。

李怀宇：在《体育时期》里有很多诗，你除了写小说之外，还喜欢写诗吗？

董启章：那是类似诗的东西，我从来没有从自己的角度去写诗，如果写一些类似诗的东西，都是在小说里面，我假设是书中人物来说，而不是我来说的，在其他书中也有类似于诗的东西，也可能是歌词。我需要一个人物设定之后，才能写出来，但是如果真叫我单独写诗的话，我写不出来的。我要在一个小说的情景中，通过人物的假面，才能写出类似诗的东西。

李怀宇：写作迄今，你最满意的作品有哪些？

董启章：从《天工开物·栩栩如真》开始的这个三部曲我很满意，特别是最近完成的《学习年代》。

李怀宇：是在什么样的背景下萌生写这种体裁小说的想法的？

董启章：很难说清最早的写作动力了，因为我在写作的同时也有兴趣看一些科学、演化论等其他体裁的东西，再转化成我自己的思想。常常用非常系统化的思绪在我写作上，这种倾向对我影响很大，所以思考可不可以用小说来诠释这么大规模的体裁。但我同时也继续在香港学习，所以会出现极端的东西，即构思非常大，从我书名就能看出。但书里所写的人名、地名有很地区性、本土性的东西，与宇宙的普遍性之间有差别。因此我才会把两个极端的内容放在一起，我想这和我的思想倾向有密切的关联。

在普鲁斯特的书中也有这种特性，写作范围很大却是个人成长的东西，但也牵涉到了文化、历史和艺术，有点类似于百科全书。我对百科全书和小说式的百科全书非常入迷。我的兴趣就是看这些非文学类的书籍，从中了解宇宙、物理、演化论、生化等各种科学，而对我来说，这些都是文学作品的材料，都是和文学有关联。所以，我没有特定区分什么是文学，什么不是文学，对我来说都是文学。整个世界都是小说，没有什么不可以写的。

由于我以前念文科班出身，年轻时对科学类的东西不是很感兴趣，到了开始写作之后，才发现我为什么不懂别的东西？所以买了很多科学书籍来看，发现自己也能看懂，也发现里面有很多有趣的理论都可以变成故事。我把中学教科书上的内容写成短篇小说《家课册》，也就是从那时候开始觉得非文学类的书籍其实和文学是没有区分的。

李怀宇：我突然想起《红楼梦》其实也是百科全书式的东西。

董启章：对啊，古代也是如此。

李怀宇：你的《天工开物》是以香港为背景的?

董启章：也有一部分是在广州，主要是想象我祖父年轻时的生活经历，包括与祖母的相遇，抗战时期他们是如何走过来的。有一半是事实，有一半是靠自己的想象。事实部分主要是听我父亲叙述，1945年父亲跟随祖父从广州到香港的经历，此后才是父亲来到香港成长的1950年代、1960年代的生活经历。虽然后来大部分都是写香港，但此前部分和广州都是有联系的。事实上在战前，广州和香港是没有分别的，两地都是开放的，没有边境的概念，是1949年后才有的。我也希望写到现代人所理解的、相对独立的香港，以前不是这样，而是和广州犹如一体的。两个地方文化都是相互联系的，包括唱粤语歌曲的歌星在广州唱完可以立即到香港接着唱，茶楼文化也都是互通的。

李怀宇：你父亲常说他们那个时代的经历吗?

董启章：以前都是听他说香港的1950年代、1960年代的经历，我也通过旧的书本、影像的东西来想象那时候的香港。这不是一件困难的事情，因为我小时候的香港和1950、1960年代的香港差别还不算很大。反而是我觉得1980年代以后的香港变化就很大了，让1980年代以后的人去理解1950、1960年代的香港相对困难多了。我所生活的那个年代是父辈那几十年的延续，只是有一些东西在慢慢改变,所以我是可以理解父辈的生活经历。

李怀宇:我在广州的一位朋友告诉我,他印象中的香港都是源自香港电影,香港电影也是香港文化重要的一部分。

董启章:当然,香港电影是香港通俗文化的一部分,也是重要表现香港的媒体平台。而我的印象当中,香港电影很少看见香港真正生活的那一部分,更多的还是一种游客看香港的角度,所以很多内地的朋友来到香港以后都是去尖沙咀这些电影常出现的地方逛逛。但作为在香港生活的人,不会每天都跑到中环,特别是住在天水围的小朋友一年当中都很少去香港岛或是中环,所以他们印象中的香港和电影展现的香港不是一样的。最真实的香港并没有通过电影展现出来,但香港电影又是给香港之外的人展现香港文化的重要平台。

李怀宇:你有没有想象过自己的作品和电影挂钩?

董启章:目前没有想过,自己所想的内容并不适合于改编拍摄成电影,我想写只有用小说来表现的文字作品。如果可以用电影的方式来表现,我也就不会用小说的方式了,我可能就去写剧本了。导演会根据短篇小说来抓取人物中心的情节再发挥,而改编长篇小说通常都是失败的,因为长篇小说里写出了很多细节上的东西,要导演去提炼出和小说不同的内容就困难大多了。

李怀宇:在香港最畅销的例子是金庸,写的是流行的小说,而且不停地被改编成影视。

董启章:像这样性质的小说,有很多读者,还有其他类型的。

但是我们从事文学写作的人早已有心理准备，我们写这些东西不会有很多人看，也不会成为一个名人，但这些都无所谓。我认识的很多香港文学作家都是很内向的，我们都不太喜欢出来活动，不会想成为一个名人。如果你要我去参加演讲，去与人见面，我们也不愿意。所以，这个孤独感对我们来说也不是一个负面的东西。

李怀宇：香港文学的传统与上海很有关系，在民国时代的上海就有类似的风气，像张爱玲与香港就有缘分，你有这种感觉吗？

董启章：有的，香港文学在1920年代开始是受上海的影响，那时年轻一点的作者也受上海作家的影响。可能香港的城市情况与上海比较接近，有一点洋化的大城市的背景，在这个城市的背景里写爱情、写时代。我觉得两地的关系还是存在的，香港文学虽然只是一个城市的文学，但是类型也蛮多，像西西就跟张爱玲不同，像也斯也是另一类，所以在香港这个小小的地方也有很多不同的类型或是不同的方向。

李怀宇：你说在小说中融入了自己亲历的香港的变化，那是什么样的变化？

董启章：如果生活在香港，那就不太觉得，因为香港的变化不是那种出现某个大事件就会改变，一直都是慢慢地演变。所以我们要慢慢地回头去看，才能体会到它的变化之处。

李怀宇：你的写作中，看起来有很多与香港主流不相符合的东西，跟你在这里的生活有关？

董启章：我自己在香港住的地方，从出生到三十岁都住在旺角，可以说是住在城市的中心，结婚之后住在粉岭。很多小说在写香港的景观时，就拿九龙、旺角、尖沙咀等地作为香港的代表性地区，我担心通过这些地区去了解香港是否会太片面了，太样板了，就尝试不写一些代表性的地方，写一些香港人觉得比较边缘也比较生活化的地方。我写这些故事，香港人也不会觉得陌生，而感觉也会有点不同。

李怀宇：你在学校里兼职教文学，发现香港学生对文学的兴趣浓厚吗？

董启章：总体来说，我不是很悲观。因为在新一代里也有一些人对文学是有热情、有兴趣的，他们也会写一些东西。而且从现在网上写博客的习惯来看，某方面是在推动人们重新用文字来表达自己的情感。有的年轻人的博客写得很不错，能表达自己的情感。从近年的文学活动来看，年轻人参与很多，气氛也是十分热烈。我们也很期待香港年轻人都来参与文学创作，只要有一定的人数，我们都不会抱悲观的态度来看待。

李怀宇：陈冠中说，他这几年生活在北京，因为自称写作的人在香港会被认为很奇怪，但在北京却又很正常。

董启章：我在爱荷华也是有这种经历，因为爱荷华的学校里办写作班已经有很久的历史，美国的很多学生都是在里面写作，所以和人家交流的时候都认可我是一位作家，但在香港就会被误解，这也是很奇怪的。不过我也习惯这样了，不觉得难受。

董启章

1967 年生于香港。香港大学比较文学系硕士，现从事写作及写作教学，著有小说《名字的玫瑰》《安卓珍尼》《双身》《地图集》《V城繁胜录》《The Catalog》《衣鱼简史》《贝贝的文字冒险》《练习簿》《体育时期》《天工开物·栩栩如真》《时间繁史·哑瓷之光》，游记《东京·丰饶之海·奥多摩》，评论集《同代人》《致同代人》等。曾获联合文学小说新人奖、联合报文学奖长篇小说特别奖、香港艺术发展局文学奖新秀奖、2007/2008 香港艺术发展奖年度艺术家奖、第一及第二届红楼梦长篇小说奖决审团奖等。

张大春

——

我是优秀的小说工匠

第一次采访张大春，和他相约在晚上十一点，第二天，他就要飞回台湾。他边聊边为香港学者小思写字。书法是他从小的爱好，不断临帖，几乎每天都读帖。每年写春联的时候，给自己和邻居写写。张大春的姑父是书法家欧阳中石。从1980年代末期开始，张大春经常到北京向姑父讨教，闲聊中学了不少东西。张大春戒烟后，在痛苦中终于找到一件自己想做的事——书法。

除了聊张大春的小说与书法，闲话中更多的是月旦文坛人物。

张大春说："最早影响我的台湾小说家是朱西宁，就是朱天心和朱天文的爸爸。我很想写一点关于他的东西。"对同代的作家，张大春最欣赏朱天心和朱天文。"她们都是专业作家，她们的作品不是流行的，有时会有一些专栏的写作，写的东西够多的时候，出书的销量自然而然就可以维持。朱天心的先生有工作，朱天文没有结婚，可是动不动就有百万小说奖，或者写电影剧本。"

谈到散文家，自然不忘说起董桥和陈之藩。张大春说，他很喜欢董桥的比喻，随口就来一个："乱世的知识分子有如路灯的柱子，时而会有野狗过来撒几泡尿，但总是照亮了归人的夜路。"

第二次和张大春见面，是在香港一家以石头鱼闻名的饭馆共进午餐，话题海阔天空，从林青霞的文章到金庸的改小说。那时张大春应香港岭南大学之邀，每个周末从台北飞来给大学生讲课，意外的收获是可以写出另一本像《小说稗类》的著作。当年写《小说稗类》时，张大春还不会用电脑，现在已经操作自如。他通过电邮和学生交流，发现学生作业常常会出现学写小说的麻烦问题：人物控制不好、个性矛盾、布局粗糙。张大春便把学生犯的错直接变成例子，再把经典名作里不犯这个错的内容放进来，进行理论分析。"这就变成我跟学生的作品的角色在搏斗，用经典跟他们搏斗，既可以延续《小说稗类》的内容，又可以打破原先的写作方法。我终于在上课的经验里，找到了写第二本《小说稗类》的途径。"

在台北，张大春在电台工作。张大春说："每天我只工作这两个小时，可以让我全家衣食无忧。其他的时间就是写作了，我自己爱干嘛就干嘛。"每个星期一到星期五的下午三点到五点，是张大春的节目时间，第一个小时做访谈，第二个小时说书。中国传统小说名著,张大春几乎都说过了,一说就是十年。而说书的内容有时也成书,张大春说的鬼故事,变成了一本《鬼语书院》的书稿,张大春的太太是时报文化出版的编辑,她看完书稿,只有两个字的评语:"不好。"张大春只好乖乖地重写。

前辈白先勇颇为推崇张大春。张大春回忆,他二十来岁在报社副刊打临时工时就认识白先勇,等到白先勇七十岁时,美国学界开了一个学术讨论会,张大春赶不上美国签证,便写了一首七言古诗,请王德威在现场朗诵,算是为他祝寿。聊起评论家的创造,张大春说:"我最近看到王德威又发明了一个词,叫'后遗民',意思就是在一个政权结束之后,换了一批人执政,有一批人始终还眷恋着原先的人、王朝或者是政体,甚至觉得在新的执政政体里,当官是羞耻的事。王德威的意思好像是说遗民的心态是有问题的,所以应该跨入一个'后遗民'的时代。"

小说、文论、旧诗、书法、京剧,张大春样样都玩得不亦乐乎,且常有出人意表的创作。而对未来,张大春并没有具体的计划:"我是不按计划的,没办法数字管理,没办法预期进度。"

李怀宇:有人对你的《城邦暴力团》评价非常高,认为是"金庸之后最精彩的武侠小说"。你自己喜欢武侠小说这种文类吗?

张大春:恰恰相反。并不喜欢,不是从小就读。可是它是一个特殊的文类,是一个值得注入新生命的文类,但这并不容易,怎样注入新生命呢？就是让作品的发展有不同的动机。在新派武侠小说中，金庸的我都看；梁羽生的我看过一部，不是特别喜欢，显得单薄；古龙的看过很多部，他早期的我很喜欢；台湾的小说家我很喜欢的是柳残阳，但这只是当年，之后和现在我其实对武侠小说充满了倦怠感。金庸的我看过几遍，它非常值得看，人一生之中，至少应该看过一整遍的金庸。值不值得再看，那就见仁见智了。可是他越来越乱改。

李怀宇：你对武侠小说有这种看法，为什么还创作了这部长达三十六万字四册的《城邦暴力团》？

张大春：这部书还没写完呢。现在只出到四册，看起来是完了，但还有前传、二部曲和三部曲。它的全长，就我粗略的估计，大概有二百五十万字。就算没有二百五十万也起码有二百多万。我自己的整个规划，就是慢慢写。巴尔扎克的《人间喜剧》，也是这么一块一块写出来的。因为我有一个习惯，我写到一半或者不到一半的时候就没兴趣了，但我知道非写完它不可，不管是责任伦理，或者是读者的期待，我都要把它完成。把这个完成的同时，我会展开另外一个东西。所以我常常同时在做不同的东西。基于一种可能不怎么良好的写作习惯，使得这个书怎么写也写不完。

李怀宇：经过这么多年创作的突破以后，你有没有对小说产生一些自己独特的念头？

张大春：在好的小说中，我希望自己负得起责任，我第一个想到的是,这个小说能不能使小说史上对小说的定义打开一点。就是说,过去人们都以为小说是这样一个东西,我想我的小说是把它的疆域拓宽一点。好的小说还能够显示小说的自由,不能显示出这门艺术的自由的小说,大体而言,就是故事而已。

李怀宇:为什么会写一本理论性的《小说稗类》?

张大春:因为我对小说的理论很不耐烦。尤其批评家喜欢借用不同学术领域的理论来解释小说,甚至用简单的叙述性的话就能解释的东西,他偏偏用非常抽象的术语或者套语,挟学院所谓的权威优势来宰割作品,我就觉得我应该站出来修理一下。当然目的也不是在修理别人,我觉得作者的文论应该更多地被注意到。简单地讲,就是看不惯学院的理论,小说内在的美学可能代表着某种哲学或理论,就看我们有没有熟练的工具去做。那么,作为一个小说家,我当然有义务去干这个工作。是不是一个优秀的小说家我不敢讲,但我要强调我一定是个非常优秀的小说工匠。工匠不对自己的作品形成美学,这就没有天良了。

李怀宇:在理论领域里,常常有写小说不写文论的框框,这些人为的限制使文章的天地莫名地变小了。而对你来说,因为不断实践,文论的写法似乎成了一种水到渠成的事?

张大春:对,我不得不写。作家有不得不写的冲动时,就会有好的作品。我是受够了学院派那些王八蛋写的文论,才写文论的。我看来看去，学院的研究者所作的种种文论，多半都是为了自己的生计，混饭吃。学院派其实在自绝于群众，小说的读者是没有义务，甚至是没有必要去读文论的。小说家却常常受困于文论的绑架或挟持，怎么写，文论都可以找到一些机会或者缺口在他的作品上叠床架屋地做一些文章，使得他的作品看起来漏洞百出，或者意义上有些颠扑不破的限制。《小说稗类》其实在台湾是受到欢迎的，小说的读者发现自己原来没有自己想象的那么笨，因为看不懂文论；但他也没有自己想象的那么聪明，因为作品不是那么简单，原来以为看完一个作品就是读完一个故事，可是看到我的作品，就知道小说里面还埋伏很多东西。在这一点上，我既让我的读者感到了挫折，也鼓励了我的读者。我不是在争胜，而是在展露作家另外的责任。什么责任呢？我觉得每一个作家都可以从写文论的角度来把自己的作品检验一下，他未必真要写文论。认为写文论就是要检查自己的作品的时候，他就可能诚实而谦卑地面对读者，他没有办法讨好读者，但是他可以站在教养读者的立场上去看问题，或者是去启蒙读者。

李怀宇：在写《小说稗类》时，你有没有注意鲁迅的《中国小说史略》？

张大春：那是我大学时代读的书。鲁迅是足够全面的，《中国小说史略》是我非常重要的"工具书"，我每每看了一部中国古典作品以后，都会再翻一翻，看看他的意见。大部分时间我跟他理解不同。他对小说还是有一种工具性的看法。他是个太紧的人，而小说家是要非常松的。当然我对小说家没有太多的规定，但我理想中的小说家都是松一点，即使很紧，他也能够稍微地松弛，给人一种雍容而松弛的美感。鲁迅太剑拔弩张了，这样的小说一百年以内可能觉得很好，但是一百年以外可能就难以理解了。

李怀宇：最近你的小说有什么新作？

张大春：我有几个过去没有完成的东西，比如说在出版社方面，有一套"春夏秋冬"，春就是《春灯公子》，夏叫《战夏阳》，第三本叫《一叶秋》，第四本叫《岛国之冬》。前两本已经完成好些年了，第三本已经完成，插图都好了，只差没有印出来，为什么一直没有印呢？因为每当我要出《一叶秋》的时候，出版社就已经安排好有一本书要出了，所以它老是被往后耽搁。近期出了一本《认得几个字》。最近刚刚出了一本《我妹妹》。

李怀宇：《我妹妹》跟《聆听父亲》有关吗？

张大春：没有。《我妹妹》是十五年前的书。1990 年，我先出了一本我在这辈子唯一的畅销书，叫《少年大头春的生活周记》，卖了二十几万本。我的编辑就说："你可以写个续集，希望可以大卖。"我说："我不会重复自己。"他说："你不写我就找一个女作家，我叫她用大头妹的方式炮制你的第二集。"我说："这样的话就太糟蹋我了，我就写。"我就拿了点菜单，小小两张纸，随手写了名字，回家贴在灯上面，二十六天之内写完了这个《我妹妹》。事实上我没有妹妹，讲一个青春的成长故事，从一个哥哥的眼睛看一个妹妹从零岁到十九岁的生命。

李怀宇：《聆听父亲》是因特别的机缘才写的，那是完全写实？

张大春：当然是写实，讲我的家族史。有可能有错的，后来我姑母跟我讲：有几个人名、时间、地点她不能证实。我的消息来源是我的六大爷那里，跟她所理解的有一点出入，但是我当然不可能编自己的家族史。

李怀宇：《城邦暴力团》之后，还写武侠小说吗？

张大春：《城邦暴力团》是有一个前传，还有一个后传，前传已经写了十二万字了，后传也写了大概六七万字，还会继续写，我觉得这可能是更多人关心的。不过它的问题是，出版的时机在"绿色执政"的初期，台湾愿意静下心来读一部长篇小说的人越来越少，所以前传也好，后传也好，我连发表都不发表，我要等台湾整个社会的浮躁压下来，尘埃落定再说。

李怀宇：你认为台湾现在浮躁成什么样子？

张大春：每天就是陈水扁啊，弊案啊，贪腐啊，独立啊。事实上，整体而言，搞"台独"也是假的，搞国统也是假的，大家都只是想要维持现状，并且从中取得最大的执政利益，很浮躁。很多人因为这样就离开了。

李怀宇：你那么高产，写得很快吗？

张大春：我出了大概三十本左右的书，这比起很多前辈作家——倪匡出三百本书，我不觉得自己生产能力大。

李怀宇：你可是很多类型都写，这就很少见了。

张大春：也许正是因为写很多类型，才帮助我写下来。如果我只能写或者只愿意写一个类型，或者说挑剔得更严谨一点的，也许根本写不出什么，不能撑到现在，不同的类型彼此之间也是一种休息。那么，早上写写旧诗，晚上就可以不写了，有时候早上写，晚上也写，中午和下午肯定就不会趴在那边写，估计写别的了。我写东西是这样，被贴上一个标签。写小说、写散文，都不是我们自愿的。当我有一天说，我现在写旧诗，我每天写的旧诗是多少，你为什么不叫我诗人呢？你一定又会说，那你有发表吗？我说：我写博客。人家说：你有出版吗，你没有出版怎么叫你诗人？一方面自己愿意承担一些标签，另外一方面，说不定那个标签自己背不起来了。小说也是这样，你叫我小说家我也点头，也许我很大一部分并不是。我在广播上说书，我主持电台节目，我们家最主要的收入来源就是每天那两个小时工作的收入。

李怀宇：陆灏跟我开玩笑说，现在张大春变成一个书法家了。

张大春：没有，差太远了。我只写行草，偶尔写碑、楷书，篆字我几乎没有认真练过，钟鼎文这些也没有认真练过。书法完全是兴趣，你自己感受到有一个美的典范在那里，就把它朝那个典范写。比如说"二王"，王羲之、王献之，有人说这个"二王"应该被打破，他们写的可能更高明，那我没有这个企图，我还是依循以"二王"为典范的这个美学标准。

我练字已经练了三十年了。高中写楷书，比较用力地写，那么，大学有专门的书法课，我当然也会修了。后来有一段时间，二十几到三十几岁之间，我反而比较关心的是西方的东西，但是我几乎每天都读帖，哪个字结构如何，用笔如何，不断地揣摩。你知道我姑父欧阳中石是大书法家，他和我父亲通信大概是 1986 年开始，1988 年我第一次见到他。当然，跟他接触，也有一些兴趣。

李怀宇：你写的字跟他不像是同一路的。

张大春：行草来看，像"们"字的那个用笔，就是从他那里来的，别人没有，就是我们两个，我学他了。他前不久写过电视剧《闯关东》那三个字，门字部的写法，就是他的写法，别人没有。

李怀宇：我跟张充和女士谈过，张女士说书法是一种立体的**艺术**，里面有诗词、文化的元素。

张大春：书法不是独立的，所以我自己也一样，在过去的十几年，开始比较用力地写古诗。我写了三千首古诗，我是把它当日记写的。写古诗有它的格律，不管是五言七言，不管是近体的律诗绝句或古体，都有它的章法，不是乱搞的。我看现在大陆的一些老干部，喜欢弄两句，称之为"老干体"。包括文人写的，像汪曾祺先生，他爱写，他有好些诗也不合格律的。能够真的把格律弄清楚的作者，非常有限。

李怀宇：启功先生也写了很多旧诗。

张大春：他有一套诗很规矩的：《论书绝句》。他的字比较媚一点,台静农先生曾经说过他的字侧媚,侧就是他没有正锋,媚就是媚俗的媚,他自己说台老说得对,他的字侧媚。他的诗是在描述他写字或读帖的心得,甚至是书法史的浓缩,那是很值得推广的,大致上比较合律。

李怀宇:在台湾,台静农先生的作品如何评价?

张大春:台静农的作品不多,书法、绘画、论文都不多,可是他写的一整套中国文学史稿,可以完全送给学生,让学生挂名去发表,你可想而知他是一个什么样的人。他是一个非常老派而敦厚的文人。台静农是我的老师,我读研究所的时候,是他教书的最后几年。他还活着的时候,台湾已经有一位老的书法家在,就是于右任。于右任虽然政治人物的成分比较大,但是作为书法家,我认为是五百年来最好的,他融合了很多不同的传统,甚至他自己规格化了行草的标准笔画。在书法界,他不但是个创格之人,而且是个集大成之人。于右任以后,台湾基本没有书法家,台静农先生是个例外,台静农先生的字是有根底或者有传统的,他的字是几乎没人走的一条行草的路,复活了,并且光大了。

我为什么提于右任呢?于右任已经开出一条路,很多人学,没有人学得像,但他至少开出一条行草的路子。台先生没有把字放到那么大,他是有意回到魏晋,也就是王羲之那样的大小,那个时候没有纸,没有桌子,没有椅子,所以他们用手板写,唐朝的人都是这样写。台先生也是一个集大成的形式。

李怀宇:我最近去苏州看昆曲《玉簪记》,白先勇先生请了董

阳孜写书法，董阳孜现在在台湾的影响力有多大？

张大春：在二十年前，我认为董阳孜在各体的基础已经出神入化。二十年以来，她都在想办法创格，创一个书法的格调，等于已经把书法当作抽象化的概念来经营。因为没有别人这么做，有些人说太怪，太大，不好辨认，什么理由都有。她是艺术家，当然可以自己搞艺术。她做了很多不一样的展览，我认为很了不起。

李怀宇：你在台北编了一出什么样的京剧？

张大春：我编了一出京剧是吴兴国导演的，叫《水浒 108》。我编了《水浒》第一回到第二十七回，因为在《水浒》的前半段里，林冲夜奔、野猪林、智取生辰纲，这些过去京剧里都有，但是我对词儿、唱腔全部重编。

李怀宇：你本来对京剧很感兴趣？

张大春：欧阳中石是京剧票友。我父亲没有下海，但他从小也唱，我们家里平时都放京剧。

李怀宇：你把京剧改成什么风格？

张大春：唱腔没有太多的改变，只是换了新词，加了一些喜剧效果。比如说，同一个台上有两个戏在同时进行，这个在传统的戏剧里面比较少，甚至还有一些象征性的，比如说武松打虎，那个虎被打死以后魂还在，随时就在武松旁边，因为我把那个虎设计成武松的一个超自我，或者说他的一个道德良知，那个虎从来没有离开过舞台。潘金莲来调戏武松的时候,这个虎就会跑出来阻止,那三个人身段就漂亮了,那个是我认为自京剧《三叉口》以来新编的最迷人的武打身段。一个男的,一个女的,女的要调男的情,男的要拒绝,又有一点受引诱,中间来个虎。虽然说,服装太累赘,舞台太花哨,但是整个剧的精神是非常革命性的,不倒人胃口的。我这是新编,比如说他演武松,到中间他就演店小二,到后面他就演一个马夫,有的是大角色,有的是小角色。像演林冲的,他后来就演了宋江。演潘金莲的,之前是演林冲的太太,接下来演母夜叉孙二娘。

李怀宇:我访问何兆武先生,他讲了一个好玩的事情。他问朱家溍:"京剧的前途怎么样?"朱家溍说:"没有前途!"何兆武很惊讶:"你是京剧专家,怎么可以说京剧没有前途。"朱家溍解释说:"任何一种艺术,都是有生命周期的。你看唐诗宋词,繁荣期就那么一段,过了以后,当然现在也有人还作诗,还填词,还是诗必盛唐,可是唐诗的盛况是不可能有了,宋词的盛况也不可能有了。"

张大春:那要看把这一段拉到多长,比如说认为京剧最辉煌的时代是清末,只承认开宗立派的,尤其是四大名旦,他们发明或创造了某一个表演形式。可是京剧表演所带来的启发,从来没有一个时代能够像现在这样,可以对法国产生影响,对北欧产生影响,对美国产生影响。老先生如果认为传统的京剧的剧种和表演形式必须是那样的,就是在茶楼里边搞,对不起,那早就衰亡了。

可是从表演形式的改变及扩大,你知道吴兴国是在美国大都会艺术表演中心,在林肯中心去表演他的京剧《李尔王》《暴风雨》,请问,那是衰亡吗? 那应该是恢宏的一个证据吧。

李怀宇：现在京剧还能吸引年轻观众吗?

张大春：我从来不觉得年轻观众变少了。《水浒108》出来的时候,打的招牌是吴兴国导演,我编剧,周华健音乐,周华健做的完全是京剧的旋律线,他的 CD 跟 DVD 还没有上市,当天有人看,共四场,看一场买一集,都是十二三岁的小孩。我们那个戏,第一个不赔钱,第二个即使是台风,依旧爆满。对京剧,不能说从整体上有人泄气,这是不道德的事情。

李怀宇：京剧、书法、诗词都是传统文人的趣味爱好,为什么写小说非常新锐的张大春和这些都融为一体了?

张大春：我一直在想一个事,很多年来都想:我到底小学念得好不好? 我虽然后来念了大学,念了研究生,但我从来都在质疑:我的小学到底念得好不好,或者我的小学程度的基础打得好不好? 我是每天都在问我自己,我认为我的基础打得不好,你问我什么题目,我不会被考倒,还常常可以引经据典。但我还是认为我的基础不好,因为我每天都可以学到新的字,我每天都可以知道一个旧的词,原来这个词是这个意思,啊,我以前不晓得。所以,我写旧诗是帮助我用一个字一个字、一个词一个词的方式重新学习,我写书法也是帮我重新印证中国人的这一套艺术表现到底有多少种变化的机会和可能。同时在这个变化里面,它的韵律是怎么产生的，它的格调是怎么产生的，它的神韵是怎么产生的，它的机理如何，它的章法如何？这都是重新学习。

李怀宇：有没有人认为你是一个不务正业的小说家？

张大春：他们最好别在我面前讲，不然我会骂人。因为"不务正业"是个愚蠢的词，什么叫"正业"呢？所有的艺术都来自不务正业！假如用职业跟业余的角度来看，职业的训练在人一生的阶段里面是必然的，他的养成教育、启蒙跟锻炼里面，有那个职业精神。到现在我还是这样子，我用职业选手训练的手段来训练自己写古诗，只是它不能卖钱就是了。另外一方面，我们也不得不从一个从容的角度去看，你想要永远保持着一个什么职业球赛、职业钢琴家的状态，去竞赛，去表演，去跟人博斗，或是在世俗里面打滚，这样想的话，你没有从容的余地，你的东西不会有实质的厚度。

张大春

1957 年生，好故事、会说书、擅书法、爱赋诗。台湾辅仁大学中国文学硕士。曾获联合报小说奖、时报文学奖、吴三连文艺奖等。著有《鸡翎图》《公寓导游》《四喜忧国》《少年大头春的生活周记》《我妹妹》《聆听父亲》《野孩子》《寻人启事》《小说稗类》《城邦暴力团》等。

温瑞安

逍遥快活要趁早

　　新派武侠小说向来有"四大名家"之说：梁羽生、金庸、古龙、温瑞安。古、梁、金已故，温瑞安而今何在？

　　温瑞安不时调侃一下"四大名家"。比如，"江湖传说，侠坛有四大名家，成了钉子户。地检人员要把他们拆迁赶走。梁儒侠说：皇天后土，根深蒂固，我不走。金神侠说：走就走，我在香港还有的是房地产。古酒侠说：户在心中，我就是户，户就是我。还有一位写就天下无敌、搬就无能为力的温怪侠说：走便走，我搬到月球去落户。记者问他为啥？他说：月球的坑，都是我挖的。"又如，"传闻武侠有四大名家叙面，其中一人去了洗手间，正好有流氓上来寻衅。王牌梁大侠说：秀才遇着兵，有理说不清，有本事我们对对联去！金牌查大侠说：余斗智不斗力！名牌古大侠说：你敢一刀砍来,我敢一手挡下!剩下一位打肿脸皮充名家姓温,听说有点武功底子,但流氓遍寻不获,发现:那厮在上洗手间时趁机溜了,还报了警!"

这三十多年来,温瑞安在香港、深圳两边住。他介绍:自己还能走、能食、能拿、能玩、能干、能做、能睡,经济无忧,健康无碍,家庭和谐,子弟成材,侠友相知,生意也运作得蛮可以。他坦言:"我觉得上天对我还真不薄,几乎每一年龄阶段,我都做了些如愿以偿爆彩的事。人生常常划分很多个阶段,很多人都以为少年得志最好,青中年时是黄金期,但我至少都经历过了,到如今还是这时期最舒服,这阶段最自如。我虽不喜酬酢,但我就老爱跟老兄弟姊妹和年轻侠友打成一片,特别喜欢跟街坊、老百姓、平民大众生活、玩乐在一起,用不着费煞心机,但能体会种种人情,而又能丰富写作题材,我觉得现在真的达到了一种量才适性、自得其乐的境地。我们本来人人都可以很快乐的,但因为受到种种欲求和诱惑,沉溺于贪嗔痴里,使自己不能做到无所往而生其心,即是所谓平常心,因而在心理上和生理上失去了平衡。我练气功、静坐,以佛悟道,特别珍惜生命里每个阶段的种种无趣,每个人的交会点和每个心情的千载难逢。"而他现在最苦恼的是:敲字、发文、E-mail 之类的手艺都没有学,常劳烦公司里的同事和家人、子弟,还不可以直接向多年读者交待。

虽然温瑞安的作品曾在出版上吃亏,数次在搬迁和托人保存时损失惨重,但他在主要几个作品系列上,还是有可观的新稿。

他说："我不是不出新书，而是学乖了，未找到好婆家之前，女儿不钟意之前，还是不要急着把女儿嫁出去。读者们心急，都叫我填坑，没想到我早把坑填好了，但却给人处心积虑地推到坑里，几乎把自己埋了，那时我的伸手怎么就没人扶我一把？我现在既然在精神上登陆月球准备住广寒宫的坑里了，碧海青天夜夜坑，就不在意大家老劝我服什么灵药了。我还巴望吴刚兄早些把那桂树砍了，让我老人家来演习《朝天一棍》呐！"

　　如今江湖上多有论者认为，武侠小说有江河日下之势。温瑞安听了哈哈大笑道："有些可爱的小朋友还直言：'武侠已死'呢！好好玩。我今年60岁，听到'武侠已死'至少已八次，最早一次听到，在马来西亚，不久就出现了金庸，结果后来成了'集各家之大成'。后来在初中时听到，结果出了古龙，跟电影结合，出出卖了个满堂红。你们回忆一下，是不是隔不多时，就看到报刊上和有人跟你说：文学已死！电影已死！流行曲已死！连环画已死！跟楼房崩盘、地产溃败、股市低迷、经济泡沫差不多一样，从风闻到疯传，很过瘾。但传死讯，不久后，那些传已死了十七八次的家伙，又僵尸复活了，比《暮光之城》复活的次数还多呢，而且那部戏拍了几集，观众都等到僵化了但女主角还是处女一般，不久，又传'死讯'了。可爱的程度啊，也真不是一般。如果他们不曾活跃强大，不曾再度大红大紫，盛极一时，谁愿意一再传他们的死讯呢！"

在他眼里，在网上，不时有人在有关武侠的论坛留言：武侠已死，现在人人都看玄幻、穿越。然后在玄幻、穿越有关的网站里，又留言说：玄幻已死，穿越已穿，我们看推理、武侠吧！就像武侠小说里的分帮立派一般。不过，江河日下，明日黄花，过一阵子，一部武侠电影在好莱坞扬威，一部武侠动漫在大中华地区卖个满堂红，大家又一厢情愿地跟风去了。温瑞安打油诗一首："床前明月光，疑是地上霜，举头望明月，武侠天已光。"

李怀宇：江湖人称新派武侠小说有四大名家：梁羽生、金庸、古龙、温瑞安。如今只有你一人在写武侠小说，是否感到寂寞？

温瑞安：别见怪，这方面我没有寂寞感。在我身边，很多朋友、子弟，在写武侠；在网络上，很多新人在写武侠，而且有的还写得很有创意，怎会寂寞呢？偶然在博客或微博、论坛上发一短文，也常有上万的读者侠友观看，我个人毫不寂寞。至于作为一个文人或对侠者向往的写作者，难免偶有感时忧世寂天寞地之感，那也是略带文艺色彩的"伤他闷透"（sentimental）①而已。何况，我从来不认为武侠只有四大名家。我一直认为从民初算起，我顶多排三十八。

李怀宇：请问你前面的三十七人如何排名？

温瑞安：我是随口说的，但也有所据。一是我为人八卦，到老尤甚，好玩喜反，故可谑称为三八。这是自嘲。二是我当年被赶

---

① sentimental：感伤。

出台湾达五年左右，其间几乎没有传媒敢报道我的行踪，连出书在台湾都改用"舒侠舞"（"武侠书"倒着念的谐音）署名，销声匿迹这么久，台湾的远景出版社沈登恩搞了本《大人物》杂志，投票选出一百位大家关注的人物，我居然还排第三十八，跟琼瑶、三毛等还毗邻相近呢！当时就很感动。觉得排三十八也是莫大的荣幸。但如果认真地回答：我认为从平江不肖生、还珠楼主、白羽、郑证因、朱贞木、王度庐等民初武侠名家一路下来，还有卧龙生、诸葛青云、陈海虹（武侠漫画）、柳残阳、陈青云、倪匡、上官鼎等人的作品也精彩纷呈，而在我之后开笔的，也有不少好手，我能排到三十八，已是可以见父老！

李怀宇：梁羽生自认为"隐士"，而金庸为"国士"，你认为二位先生的风格有何不同？

温瑞安：我也是隐士，而且一隐二十五年，而且我是真的"隐"，"裸隐"，自行创业并且逍遥快活去，啥公职、私位都不留恋。并且是在生命的"旺盛"期、事业的高峰期"遁身"，谁也找不到我，当然，现代"四大名捕"要找我，我当然走不了。张爱玲说：成名要趁早。我说：逍遥快活也要趁早。我从不参加无谓酬酢，从不出席无谓饭局，一个月起码推十来个，我是二十五年如一日。金庸是书生有大志，他曾为"国士"，今亦为"隐士"，白首书斋，这是中国知识分子进退的一种优美常态，千百年来，有大才而致用则仕，时不我予则隐，至少可以从进而兼善天下之志，退而独善其身之地，没有可置疑的。

李怀宇：梁羽生先生对诗词、对联等深有研究,你如何理解这些功夫与武侠小说的关系?

温瑞安：每个人都有不同的功夫。古龙对古诗词以及外文融会贯通,金庸也对中西文学造诣深厚,在文坛上曾经风骚的,谁没有几手自己的看家本领?

李怀宇：金庸先生既是小说大家,又是成功报人,在 2008 年 12 月接受我的独家专访时称:写小说是玩玩,办报纸是拼命。你所认识的金庸先生是什么样的?

温瑞安：把自己的兴趣当是娱乐,这是不管认不认真的写作人都应该拥有的心态。娱乐就是"玩"的一种。当一位用文字创作的人,一开笔就以为自己的作品是"经国之大业,不朽之盛事",作为读者的我会很敬畏,但也会被雷倒。金庸是个有使命感的知识分子,那个时代又是个让知识分子有使命感的年代,他所身处的社会地位和特殊地域,作为一位报人或新闻工作者都让他充分发挥了这种承担使命感的大材。

李怀宇：你在台湾读书时代,如何看古龙小说? 与他本人有何交往?

温瑞安：对金庸小说,我崇敬。古龙小说,是我至爱。大约在 1977 年,台湾《联合报》副刊主任痖弦办了个武侠座谈会,他介绍了古龙给我认识。那时候小黄龙好像是他的保镖,在他身旁。我身边也有相交多年的小兄弟黄昏星。我那年才二十三岁,见了古龙,就上前稽首:"你的小说写得惊才羡艳,是我在武侠小说里最喜欢的。"古龙淡淡回了一句："你太客气了，太客气就是一种虚伪。"我马上说："我不对你表达我的敬意，才是一种虚伪。"古龙也回了一句："我知道你，你写得很好，很多人跟我说过。"就这么几句话。

李怀宇：在香港，与你同代的小说家黄易以《大唐双龙传》《寻秦记》等闻名，你如何评价他的作品？

温瑞安：我喜欢看足球赛事，黄易打得一手好高尔夫球，所以在我的频道上未能搭调。但我相信他是一流的球手。

李怀宇：当年作家张大春在酒宴上笑言："台湾报纸副刊都给温瑞安霸占了。"而今张大春以《城邦暴力团》闻名，你如何评价张大春这部作品？

温瑞安：张大春在台早已成名，《城邦暴力团》在台湾早已写成、出版，他说那句话的时候，恐怕就在他写这小说前后期间。我认为张大春的文学成就，不止于武侠。

李怀宇：对近年出现的武侠小说，你读得多吗？新生代的武侠小说作家，有哪些人值得关注？

温瑞安：我认为至少有十至十五位武侠新生代写手足以承先启后，让武侠得以薪尽火传。但在这儿评述，我可无能为力。我原意要写上下两部书评介他们的优秀作品，就像我当年为文论金庸小说一样。但我的学生、好友和读者、粉丝们都坚决抗议，要我先把自己小说续完再说。我认为他们说得对，于是熄火停工。

李怀宇：你为什么在微博上发表"微武侠"？

温瑞安：我写微小说、微散文，大约可追溯到 1985 年，我曾在香港地区以及新加坡、马来西亚的报刊如《新生活报》《东方日报》等每日撰写《森林之火》和《双子星小说》。我是写诗出身的。诗讲究珍贵的语言，以最少的文字显现最高的意境。我在三十多年前还在港台地区大量发表极短篇武侠小说，发表园地包括《亚洲电视周刊》《中时晚报》《联合报》《自立晚报》等等，其中《扫出来的兴》还拿过极短篇小说奖呢。这对我，不是新鲜事物，也没有难度可言。

李怀宇：你认为"微武侠"能否开创武侠小说新局面？

温瑞安：不可能。但是"微武侠"可以争取一些本来不看或没时间、没心力看长篇武侠的读者。没有事是不可能的，什么都不妨试一试。我以前在台湾主持"试剑山庄"，起这个名称，就是意指你只要磨好了剑，就不妨试一试招，方知自己能耐。不过，"微武侠"相对而言，只是餐前点心，只是饭后甜品，你总不能当它是正餐主食。不过，把餐前凉菜和饭后小食也做得美味，那可也是一件考量功夫火候的手艺哦！

李怀宇：未来武侠小说的创作有什么新的可能性？

温瑞安：多咧。不说别的，只用我作品的出让授权而言，以前，顶多只是洽谈出版、发表、刊登、连载权。现在？厉害咯。有电影、电视、网上微影、网游、电游、漫画、连环画、舞台剧、cosplay、cross-over、域名、衍生，甚至餐厅、食品、服装店铺的冠名权。太好玩了，五花八门，琳琅满目。以前，还是写了才有稿费拿，现在，是坐在家里有版税收。我认为，现在武侠，比起从前，更有无限创意、无限商机，成天讲武侠没落的人，永远只是叹息凭吊，怀念过去，没有看到明日正有一条金光大道早已铺垫得七七八八了。

李怀宇：武侠影视与小说互为推动，导演张彻与胡金铨是一代宗师，你如何分析二人的导演风格？

温瑞安：胡金铨才是开山大宗师，张彻是侠义片的老祖宗。他们之间，有点酷似金庸与古龙。

李怀宇：张彻的作品一派阳刚，所著《回顾香港电影三十年》讲述了许多鲜为人知的故事，你所认识的张彻导演是什么样的人？

温瑞安：那时阳刚派武侠电影已开到荼蘼，张先生很有点失意。他为了要结识我，特别写信给吴宇森，希望他能找到我帮手。由于哪怕是在那个四面楚歌需要广结善缘时候的我，依然极少对外应酬，他找不着我，故而写信请托香港影评家石琪，请他转信给我一定要联系他，他想力荐邵氏购买我书的版权。我一向敬仰他的为人，而且是他的戏迷，我觉得我作品能蒙他错爱，是我的荣幸。

李怀宇：胡金铨的作品充满诗意，而他对明史、书画、老舍的作品等都有研究，你认为胡金铨导演是什么样的人？

温瑞安：我跟胡金铨没有正式见过面，我只不过有好些好朋友都是他的好朋友。胡金铨的电影，意境先行，而且他的人虽然豪迈洒脱、知识渊博、遇事不计小节，但对电影却一丝不苟，非常认真,要害处都很入味,很到位。如果没有他的《大醉侠》,香港地区乃至中国武侠电影,可能仍在原地踏步。如果没有他的《龙门客栈》,基本上可以推论什么《新龙门客栈》《龙门飞甲》的都不存在。某种程度上,可以说《龙门飞甲》等只是《龙门客栈》的新"ID"。

李怀宇:据说,1985年你在张彻导演力荐下,引介认识吴宇森,为其创作以上海滩背景的原著剧本,当时新闻发布会,两男角是周润发、温瑞安,女角为林青霞。后因吴宇森导演"蝉过别枝"才搁下不拍。此事内情如何?

温瑞安:这事你也知道,太厉害了。我还以为是秘闻呢!内情确如你所说,嘉禾没重用吴宇森,有点像邵氏没重用李小龙,非常失败。吴宇森可以导很花钱、很有分量的大戏,对少花钱的戏,包括当时的小清新喜剧,都很受欢迎,还能赚钱。

李怀宇:你如何看李安的电影《卧虎藏龙》在国际上的影响?

温瑞安:李安拍的《卧虎藏龙》,对香港电影观众而言,其实非常老土,只不过他每一个细节、每一个角色、每一个场景和每一个动作,都赋予新意和深意。外国人在武侠片的艺术价值认知上,以前只知胡金铨,今只知李安,其他的,声望差远了。

李怀宇:你如何评价张艺谋的电影《英雄》和《十面埋伏》的艺术水平?

温瑞安:我常写影评,人家以为我在武侠电影评论上必然指斥张艺谋。其实不然。张艺谋做到的大气派、大手笔、大视角,以及他的细笔勾勒、精笔描绘，别的小朋友根本仰望不着、企及不到。我其实是他的戏迷。不过，张艺谋有的剧本，尤其武侠剧本，是在让镜头驾驭了情节，画面凌乱，掩盖了内容，常常发生七宝楼台拆碎不成片段的效应。《英雄》看了，音乐画面，萦绕不去，至于内涵，像吃红烧蟑螂。至于《十面埋伏》，仍是蟑螂，不过是没有红烧的。

李怀宇：现在影视界的武侠作品热闹非凡，你看得多吗？有没有留意《武侠》《龙门飞甲》等？

温瑞安：哈哈哈，你应该问我：有哪几部武侠电影是没看过的。《武侠》这部戏的宣传是：武侠，才是武侠。我给他续句：武侠，并不武侠。《龙门飞甲》，我觉得是"龙门"系列的"马甲"，徐老克其他的戏，再差也好比是古龙找人代笔。至于他的武侠电影，再烂也好比是金庸找人代笔。他的才华缤纷多样，但武侠才是他的看家本领。他最近几部片，坦白说，不及才华全盛期，但还是名家一伸手，便知有没有的。

李怀宇：好莱坞的电影中有不少借鉴东方武侠的手法，你认为东西方电影如何结合才能创造出新的气象？

温瑞安：昆汀看了一大堆港式武打片，结果拍出来《危险人物》《杀死比尔》，好莱坞用了我们的武术和指导，拍出来《黑客帝国》和《功夫熊猫》。我们学美视剧《迷失》，拍出来《荒岛惊魂》，把观众看得惊雷阵阵，学习西方技术结合或洋派商战爱情戏，拍出来《金陵十三钗》和《亲密敌人》，似乎又太一厢情愿，两小无猜。

个中融会贯通，知易行难啊。

李怀宇：近来梁羽生、金庸、古龙、温瑞安的武侠小说不断在影视上翻拍，是否折射出当今的武侠小说原创乏力？

温瑞安：三个原因：一是你说的对。二是现在的影视制作人，根本多是只来得及模仿抄袭，来不及发掘新秀佳作。三是翻拍部分经典，也是一种试图超越和再创新，也不是什么坏事，问题是有没有拍得更好。

李怀宇：你如何评价自己的小说作品改编成的影视作品？

温瑞安：我自己就想办一个"温瑞安武侠影视番茄奖"，颁奖典礼时把一只只烂番茄往我身上砸。已拍成的温书影视中，大都是挂我原著，但与我的原作内容几乎无关，可以说多是挂羊头卖狗肉，号温书实自创的成品。温书读者和温迷，常诟病此点，岂知温某也一样是受害人。

李怀宇：有人认为，现在的武侠小说缺乏发表的平台，不像过去的报纸连载武侠小说，因此创作难以繁荣，你是否同意这种说法？

温瑞安：光是我的小说续作不像以前有平台发表连载，才致使读者追看、呼号填坑不已，我就是给坑的人之一。不过，对这点我一点也不悲观。现在是"全民作家"，人人写了都可以发布，比以前可容易多了、方便多了、直接多了，这也足以让人和作品迅疾受到注意和爱戴。世事无只有利没有害的，每个时代都有它的表现方式和渠道，不必太过介怀。有电影的时代，舞台的灯光暗淡了。有电视剧的时代，电影的注意力分散了。现在是什么时代，有心有志的年轻人就站在时代的风口浪尖上吧。而且，山不转路转，出版、发表、刊登、连载的方式式微了，说不定，有一天，我自己也会用网上发布的形式让新作登场呢！

李怀宇：在台湾报纸的辉煌时代，《中国时报》与《联合报》互相竞争，高信疆先生与痖弦先生都是纸上风云人物，你与他们的交往如何？

温瑞安：多年前我也当过报刊杂志编辑，深知一位记者、访者的知识水平对受访对象有着极重大的层次提升和交流效应。从问题中看出你的文化底蕴，丰富深邃，令我非常佩服。我在台湾念大学时，正好遇上《中国时报》与《联合报》相互竞争，甚至互相"杀戮"时期。那是个文化大放异彩的精彩时段。

痖弦是位名诗人，我抵台后，他常代表《幼狮文艺》向我约稿，可是，反而在我流亡海外多年再回台湾后，才跟他有深刻频密的交往。早年我在台办"神州诗社"，有次带一大群年轻学子去报馆拜访他，有位兄弟在朗诵诗给他听，痖弦因忙，有电话找他，他匆匆去了，回来后又来电话找他，那时没有手机，他又起身去听了，好久才回来，小兄弟勃然大怒，语惊四座。后我代那小兄弟道歉了，岂知痖弦一点也不以为忤，还说那小兄弟是血气方刚的汉子。1987年我回台后，痖弦一直常在饭桌、茶座上，当陪客也好，主持也好，总之，用意是照顾我和来自香港的一群自成一派的年轻写手。这是一种前辈对后辈的爱护，是诗人与诗人之间的相重。他的人可一点也不"痖",而且是第一流的朗诵家,还出过唱片。无论他主持《联合副刊》还是《幼狮文艺》月刊,对文化理念和副刊信念可不只是"治大国如烹小鲜",而是那种"临行密密缝,意恐迟迟归"的"慈母手中线",剪裁选料,自成艺术,而且他做来是"天衣无缝",让你宾至如归,有才发挥。我在台湾时,他和郑愁予还笑言办"压抑党",他们俩一"压"(痖)一"抑"(予),因为人生实在太"压抑"了,而我就是第一位"永久顾问党员",哈哈哈。当然都是压抑文人搞的压抑笑话。不过,我这冒充文人,过去大半生,尽管遭遇挫折,但我还是自寻欢乐时多,故作压抑时少。

至于高信疆先生,我要特别独立来说。在台湾文化界,要列出感谢的三个人,还是高信疆夫妇排第一,蒋芸二,余光中三。当时,高先生在台主编《中国时报》人间版海外专栏,我才念初二,写《龙哭千里》,寄到《中国时报》,谁也不认识,稿子落在信疆手上,他看了十分激动,马上连载刊登。当时,他是台湾文化界的风云第一人,长得玉树临风,雄姿英发,谈吐得体,反应奇速,学识渊博,人人仰慕,颇有当年三国周公瑾之势。《龙哭千里》是我早期长逾万字的纯散文,发表之后,反应相当热烈,他还自台湾寄送来大量当地文学书籍诗刊,供我学识眼界上的养分。而且,像他那么个大忙人,还亲手写了三十五页纸的信给我,呵护关怀鼓舞备至。

1973年后我赴台随兄长参加国际诗人大会,是他热情地接待了我。那时,家兄在幼狮中心演讲,齐邦媛老师到了会场,说是专诚要来看写《将军令》(诗)、《龙哭千里》(散文)、《凿痕》(小说)的作者"温瑞安"，我那时才十七岁，有这么一位名学者(当时齐邦媛任职于台湾编译馆)特别来看我，感动和激动得几乎眼泪都流出来了。后来，齐邦媛老师还写了篇论文《写诗的佩刀人》，发表于台湾《中外文学》月刊。我们兄弟，还与信疆一起拜访诗人余光中，和《龙族诗刊》同仁欢聚，后来这些人，大都是台湾文坛中流砥柱的人物。到我正式赴台湾念书时，开始很苦，半工半读，有一位兄弟在医院里兼差，我们就吃他拿回来的病人吃剩的冷饭残羹，天天泡即食面吃，手皮都剥光脱落，但还勉力维持诗刊和文集照常出版，直至给台湾警备总部"灭了"为止。而高信疆夫妇，知我们生活得不容易，以及秉持办诗刊、文社的志气和骨气，常常过来探访我们，鼓励我们，支持我们。他屡次想以他私己之力接济我们，我们虽是穷学生，但知他高风亮节，其实也并不富有，都一一婉拒。到农历新年时，他怕我们没有住处，竟把寓所让了出来，邀我们过去住，以"看守房子"为名，实是温馨的款待。高先生当时是台湾文化界领导群雄的人物，多少日后艺坛和文坛新锐都是他一力发掘的，他雄才大略，谦冲而有风骨。不过，相熟之后，他却不常刊用我的作品，我也完全明白他的难处，很少给他主动供稿。他是个无私的人，但却是个有情有义的儒侠。

记得大约在 1974 年，我带同一群"神州文社"精英、兄弟姊妹，在他家里，聊中国文化的处境和出路，直至天亮，他要上班，我们要上课，我们出来时，大雾弥漫，月兔西沉，我们顿生"月落乌啼霜满天"之慨。到后来,我在台湾遭了诬陷,也是他天天跑治安单位,大吵大闹,全力争取,保我出来,惜未得成,反遭盘查。他和叶洪生兄都是侠骨峥嵘的人。但可憾的是,我在1990年后已少问江湖事,纵回台也绝足文艺圈,由于我自己也绝少与人主动联系,所以他们连高信疆、林耀德等兄弟好友——过世的噩耗,也完全遮瞒不让我知晓。我得在事过了多时或甚至多年后,才从一些文章和言谈中得悉,那一刹,对我而言,就像《蜘蛛侠》第三集里的"沙人"给活生生分解了一样。那种痛苦无以名状。

李怀宇:你的《刀丛里的诗》1988年因余纪忠先生亲自见面约稿,在台湾《中国时报》人间版连载一年多。如今余纪忠先生一代报人的背影渐渐远去,你如何看待这种时代的变迁?

温瑞安:像余纪忠先生这样雄才大略、胸怀万里的报人,今已少见,所以他才能用得起高信疆。以前的记者,在民众眼里何等尊崇,今已成"狗仔队",港台地区亦然,不可谓不悲哀。余纪忠离世,高信疆离职后,基本上我已没在《中国时报》写稿,想当年《中国时报》是台湾知识界的大幡,光辉只今余几? 我发现跟帖的小朋友老是喜欢引用"廉颇老矣,尚能饭否",都常觉不妥。事实上,廉颇垂老后还能领兵神勇,为国杀敌,但很多小朋友,硬仗没干过,大战没历过,有的恐怕连饭也没烧过,就来讥笑他人老,那可是让人当作老掉牙的笑话了。

温瑞安

1954 年生于马来西亚霹雳州。武侠小说作家，著有《四大名捕》等。

张小娴

———

现实比小说更精彩

采访张小娴，有些意料之中，有些意料之外。

意料之中，她会给一张刻了自己照片的光碟，光碟中是她的艺术照。虽然，她长得让人觉得挺舒服。见她之前，香港皇冠出版社的老总麦成辉有妙论："女作家不能太难看，也不能太漂亮，太难看会让读者失去阅读之外的快感，太漂亮会让读者常常忽视她的才气。所以，我觉得内地那些打着'美女作家'旗号的女作家是很蠢的，这种做法是不能长久的。"

意料之外，是张小娴的生活太正常了，不像一个作家，至少，不像一个爱情女作家。她这样形容自己的生活习惯："我是不能熬夜的，习惯早睡早起。如果要上班的话，我一般是七点钟起床、洗脸、吃早餐、看报纸、做运动，九点多钟去杂志社上班，晚上九点多钟上床睡觉。如果要赶稿，我一般在早上四五点钟起来，这时天上还有星星呢，有时会觉得辛苦，但是写作的人一定要有意志力和纪律性。写到中午时休息一下，下午接着写。我规定自己每天都要写，而且必须在下午四点钟准时传给编辑。"

张小娴说，她写作时没有怪癖，不抽烟、不饮酒、不吃药，趴在大书房的书桌上，就像一个小学生一样在纸上奋笔疾书。而且，不用电脑，一直用笔写，稿纸是自己特别设计的。"惟一的坏习惯是偶尔吃点零食。"她笑道。

我们用粤语对话，虽然，她的普通话也不太差，但我总觉得用粤语会让她更自然流露一些。意料之外的是，张小娴说，她编剧本时用粤语；写散文，却用普通话。写散文的秘诀是试试用普通话念一遍，如果觉得普通话读得通，那就不是港式中文。

对一个笔下能够"把复杂的世情看通、把多变的爱情看透"的女作家，最意料之中的问题自然是追问她在现实中的爱情。张小娴的答案巧得让人挑剔不得，但又满足不了八卦的心理："现实中不一定有文学中所描写的爱情。称得上是文学的爱情，必然是荡气回肠、感人肺腑，同时经得起时间的考验的。虽然它的结局并不一定完美，但它的遗憾令人回味无穷。不要奢求自己可以谈一段像文学一样的恋爱，但是在爱情里面彼此不妨去寻找一些文学的味道，或是在爱情里追求一些长久共守的东西，这样对一段感情来说会是一件好事。"

采访结束后，我们一起受邀到香港会展中心旁的一家地道粤菜馆吃饭。在点菜和应酬之间，我仔细观察了张小娴，心里暗暗佩服她人情练达。

李怀宇：你以前的作品都是以写都市爱情为主，为什么会在2004年推出这部所谓的"魔幻爱情小说"《吸血盟1：蓝蝴蝶之吻》？

张小娴：写小说的好处就是可以有很多新的尝试，写作余地大一些。对我来说，每年都要写一些新的东西。所以我今年开始写魔幻爱情小说，这部小说之中还有武侠成分，相比之下，魔幻更加全面，魔幻可以涵盖武侠，但武侠不可能涵盖魔幻。接下来的几部小说都会朝这个方向写，因为现实生活中的爱情比不上魔幻世界里有那么多变化，那么特别。

李怀宇：每一次进行尝试，你有没有对以前的小说重新思考？

张小娴：其实小说出版之后我自己就不再看了。因为害怕看到自己的缺点，一本书一定会有很多缺点，要改的话改一千次一万次都改不完。而且我一向会"抛弃"昨天的我，写完一本书之后就会向前望了，而不是留恋以前的自己。所以书出版之前我会修改很多次，但一旦出版我就不再看它。出修订版时会做些文字上的修改，但不会有太大的变动。

李怀宇：创作一个新的题材会不会特别难？

张小娴：特别难。但是我尽量在每部作品里尝试创新。因为我不想重复自己。重复自己会使整个写作的过程很不"好玩"。

而沉闷的创作过程是不可能出好作品的。

李怀宇：有没有想过自己的小说如此受欢迎，其中重要的元素是什么？

张小娴：其实在写作过程中，我并没有刻意去加入什么元素而使作品更受欢迎。我觉得主要是两个方面的原因：一、故事本身要好看。二、能让人感动。爱情故事最主要的是那段感情要能感动人。

李怀宇：你如何看待写爱情小说的前辈琼瑶、亦舒的作品？

张小娴：我觉得每个人都在写自己时代的东西。我今天也是在写我这个时代的东西。我想她们能够成功是因为她们有自己很强烈的风格，能代表当时的写作。在文学史上一定会留下"琼瑶、亦舒"这两个名字的。

李怀宇：我看到一个调查结果，现在香港女孩子最喜欢看的是你的爱情小说。

张小娴：但也有很多男孩子喜欢看。我自己都猜不到会有这么多男孩子看我的小说，男女读者各占一半吧。我上次在上海的大学演讲，有很多男孩子来听。就算在香港也是如此。

李怀宇：为什么会这样呢？

张小娴：因为我自己也有一些男孩子的性格，所以写出来的东西不是特别女性化。男孩子也能在我的书中找到共鸣。

李怀宇：你的作品主要以香港都市生活为题材，但在整个华人圈都有一定的读者群，你对作品地域性与世界性的关系是怎样看的？

张小娴：香港、台湾、大陆我都曾游历过。香港比较明快，香港人连走路都比其他地方的人快。整个香港给人一种大都市的感觉，但深度比不上大陆，台湾则比较感性。从文字的水准上来说，三地中香港最弱，它的深度比不上台湾和大陆。我觉得关键还是看作品本身适不适合某地的读者，有些较适合香港读者，有些较适合台湾读者。在写作的时候我没有刻意去想要写出适合不同地区读者的作品。而且我的作品也传播到日本、韩国、新加坡和马来西亚，所以我不可能去迎合每个地方的读者。

我觉得好故事是世界性的，就像音乐一样。只要故事本身好，世界各地的读者就都会喜欢，都会接受。因为大家对好的东西总会产生一种共鸣，无论是在世界的哪个地方。

李怀宇：看了你的简历，从编剧到专栏作家到职业作家到杂志总编，每一步都出乎意料又在意料之中，有没有觉得自己的运气比较好？

张小娴：我一开始并没有想过要以写作为生。最初我只是在考入大学前的暑期去做兼职编剧。当时没有人能够边读书边做编剧的，但我的老板很赏识我，于是我就成了例外，得以在上大学期间继续做兼职编剧。结果就等于我比别人多了三年工作的时间。到了《明报》以后，又不知为什么无端端会有人叫我去开专栏。第一次写小说也是《明报》的编辑叫我写的，当时我还说不写，最后也是勉为其难地写。所以经过这一连串的事情，我不能否认其中的运气。当然我也很努力。

我觉得很多人不是没有机遇，而是没把握住，而我却好好地把握住了每一个机遇。我刚开始出名时，很多报纸杂志邀请我开专栏，这本来可以赚很多钱。但是为了确保每篇作品的质量，我最多也只是同时开了两个专栏。以前我会觉得人家说我有运气是很不公平，但现在真的觉得自己运气很好。

李怀宇：运气和努力之外有没有觉得自己写作天分高？

张小娴：我觉得自己有写作的天分，但单有天分是不够的。而且，天分也是要通过努力慢慢发掘出来的，不会一下子全部显露出来。所以要"逼"自己，将天分激发出来，要学会发现自己。我觉得天分、技巧和运气对写作的人都是很重要的。技巧可以磨炼，天分也要靠自己的发挥，但运气就由不得自己了。

李怀宇：在文字技巧方面，有什么特别的心得吗？

张小娴：讲故事的方式其实就是小说的结构。我觉得结构是小说很重要的一部分，有时候我会去尝试，看不同的结构对叙述故事有什么帮助。写作要求表达技巧，而表达技巧也需要训练，这需要学习，最主要就是看其他人是如何写的。

李怀宇：写了那么多作品，创作源泉来自哪里？

张小娴：我觉得要靠生活的体验。在现实生活中，你会认识很多人，有好也有坏。现实生活比小说要精彩复杂得多。每个人都有很多面，你只能看到其中的一面、两面。所以你对人性多些了解，可以使写作更加丰富。写作归根结底还是写人。故事再好，也只是一个架子，有人物才有血肉。

李怀宇：你在写作中的状态一般是怎样的？

张小娴：有人曾问我，有时候忽然写不出东西来时会不会发脾气。我从来不会，从来不扔笔撕稿纸。我是很享受写作过程的。而且我从小就如此，小时候就很喜欢作文课，老师会因为我的文章好而读出来，所以我很有满足感，很受鼓励，就更加喜欢写了。

张小娴

大学主修媒体学，曾任电视台创作部主管，1993 年为《明报》撰写专栏，得到赏识；1994 年第一部小说《面包树上的女人》在《明报》上连载，一炮而红；1995 年结束十年编剧生涯成为香港皇冠出版社签约作家，女性杂志总编辑。创作多部小说、散文集，作品长期雄踞畅销书榜前列，读者遍及华人圈，并翻译成韩文、日文版本。

毕淑敏

———

天堂不在天上，就在人间

毕淑敏朴素无华。一见面，她立即起身拿起酒店房间的茶具为大家泡茶，动作熟练而神态自若。

2011 年 1 月，毕淑敏出版了《蓝色天堂》一书，记录她的环球航海之旅。毕淑敏小时候读过凡尔纳的《80 天环游世界》，萌生了环游地球的梦想，此次旅行算是圆梦。2008 年，毕淑敏自费买了一张船票，登上"和平号"游船，5 月 14 日自日本横滨进入太平洋，一路向西，9 月 4 日返回出发港。

经过烦琐的手续，毕淑敏站在日本横滨港的船上时，还不敢相信这是真的。一路上见闻颇奇，到了巴拿马运河，翻译告诉她："巴拿马治安太混乱，如果你下船，在路上走，过一会儿，你会看到你的手拎着你的包在你前面走。"毕淑敏觉得这话很绕，没听懂。

"就是说巴拿马犯罪特别猖獗,抢你,太慢了,偷你,太慢了,索性把你的手砍掉了,你的手紧紧攥着包,你都不会觉得疼,就看到你的包被拎着在前面走,还有你的手,恐怖到这种地步。"

在船上,毕淑敏每天准时起床,绕甲板坚持走五圈,吃完早饭后,看看船上小报介绍每天各种各样的活动,去参加自己感兴趣的讲座。闲时写作,她带着手提电脑,因为晕船,写了一会文章就觉得眼睛不行了。《蓝色天堂》多是在这种状态下完成。

毕淑敏一路晕船,但也领略了海景之美。在大海中央,四周一望无际,运气好的话,可以看到海豚。如果没有好运气,连一只海鸥也看不到,是极为单纯甚至是单调枯燥的景色。"还是觉得挺难得的,有一种安静的状态,在日常生活中不太容易做得到。"

同船者多是日本人,毕淑敏听说船上最老的游客是一位九十九岁的老人,专门去找这位老人,竟认错了好几次,原来游客中七八十岁的老人就有好几个。毕淑敏顿生感慨:"我们中国人说,七十不留宿,八十不留饭。像这位九十九岁的老人,我估计应该是做好会死的准备,毕竟岁数太大了,但他依然兴致盎然地出海了。"

毕淑敏将一路所见所思集成《蓝色天堂》一书。这个别致的书名也是有感而发,"我们的地球有百分之七十是海水,环球旅行尽管有一些陆地,但是绝大部分时间看到蓝色。如果让我说天堂的颜色,第一个浮现出来的就是蓝色。哪怕是我们在太空看到地球,也是一个蓝色的星球"。毕淑敏解释,"绕地球走了这一圈,我发现地球上的人除了和谐相处，是没有什么办法把别人赶走的。我觉得天堂不在天上，就在人间。我们要努力去保护这个地球，把我们的生活环境建设得像一个天堂。我们好像常常觉得天堂里是没有磨难，没有任何不舒适的感觉，到处都是鲜花美酒，好像也不用工作似的，但我想，没有这样的地方。我们能做到的并不是求一个虚幻的世界，而是今生今世把这个世界建设得更加美好。人依然要工作，还有一些不如意，可是我们的心里还是安宁的，大家一起努力，让它变得像个天堂。"

李怀宇：你小时候有环游世界的梦想，走了一圈之后觉得自己的梦想实现了吗？

毕淑敏：这个梦想表面上是实现了，因为那时候只想着能够环游地球，很多人以为环游地球就是把地球上所有的地方都看到了，其实不是，它只是一个圈。这次环游地球的旅程大概只有二十多个国家。在船上，正好我为汶川地震办了一个赈灾的捐款，船上的中国游客只有六个人，有一千多名国外游客，但他们还是慷慨解囊，捐了一笔钱。船长说我把捐款送给中国灾区，船可以在其他的港口等我，我想那也是一份信任。我就下来飞回北京，从北京捐给红十字会，然后又去汶川的学校讲课，之后，我到西班牙的巴塞罗那才追上那艘船。当时我并不觉得是创了一个什么纪录，实际上我对世界上的探索多了好奇之心。我回来送捐款的过程，就闪过了整个中东。后来，我又到中东去了，把这些地方都补齐，我了解了一点伊斯兰文化以后，还要去看看其他的地方，反倒是一个梦想的实现。

李怀宇：你是当医生出身，这本书很多章节都是从医学的视角讲旅行中的感悟。这是不是一种本能的反应？

毕淑敏：我觉得是很本能的。因为我从当卫生员，然后到助理军医，当主治医生，做临床医务工作一共二十二年。这对我的影响还是挺大的。我也不用刻意去回避它了。有时候会不由自主地用医生的眼光去看待一些东西。不知道是不是因为我年轻的时候在西藏待的时间太久了，因为那里也有点类似苍茫大海的状态，有雪山，也有旷野，我们是部队的第一批女兵，几个人，彼此之间把所有的话都说完以后，都没有什么话好说了，每天很多时候就在那儿发呆，所以我觉得那种海上的枯燥，时不时就让我想起对着雪山的那种感觉。有一次，一个西藏的学者给了我一个解释：当时你在西藏阿里对雪山那些年，发呆其实是一种修行。中国有一个很有名的描述：大隐隐于市。不一定是要在大海之中，或者雪山之下，我们才能保持宁静，如果我们能对人生有一个比较坚定的把握，知道有一些是可以忽略不计，有的时候不必那么愤怒，有些事也不需要那么快的节奏，而真的达到这样的状态，人就变得比较平和了。当我们特别紧张的时候，好像觉得如果不尽快地去做什么事情，就会失去什么，这是现代的一个通病。从一个更大的角度来讲，其实生命就是这样一个过程，我们害怕失去的那些东西，其实绝大多数都是一些物质的东西，并不是精神的东西。我们不会失去精神上的东西，如果不是主动放弃一些的话，把这些想清楚，是可以操控生活的节奏的。我们总觉得这个节奏是为外人所操纵，这从根本上讲不通，外人不能够决定你，还是你自己决定自己。如果你能够说不，能够知道放弃，能知道什么是重要的，重要的不放弃，剩下的不太重要的，可以把它压缩一部分的话，生活节奏就可以慢下来。

李怀宇：旅游对心理的治疗有作用吗？

毕淑敏：要说万能，可能不一定，它应该是一个不错的方法。我的感觉是，旅行的时候，你会看到大自然是多么的辽阔，辽阔的大海、终年积雪的高山、荒无人烟的旷野，这些对我们深层把握世界是会有所震撼的。原来自己身边的一些事情，比如说受到委屈，或者说磨难，甚至不公正待遇，你可能会觉得这真是天大的事情。可真正出去看到世界如此之大，那种改变会潜移默化，不会有人跟你说什么道理，但是你回来自然会觉得，原来那些不必特别在意，还是看得更远一点。因为去大海中航行的时候，个人的孤独、渺小，某种程度的无助，或者是和苍茫的大海相比，和辽阔的世界相比，我们个体的存在是微不足道的。但是又觉得那是你拥有的唯一的东西，就应该特别宝贵，然后按照自己的期待，去过得丰富多彩一点，也希望可以给人帮助。回来以后，这些就变得既简单又坚定了。

李怀宇：你曾当过医生，又是作家，也从事心理医生的工作，这种经历对你现在的写作有什么影响？

毕淑敏：很多人会觉得，我原来当医生，然后做作家，然后去学心理学，然后又当心理医生，然后要调过头来写作，改天又出去环球旅行，返回来又去讲百家讲坛，好像北京有报纸说：毕淑敏华丽的转身。后来我心想，我有什么华丽呢？转身吧，我转来转去的都晕了，而且其实在原地。我觉得人挺复杂的，挺多面性的，是没办法用好坏或者是非常简单的方法去概括。研究、探讨人生，其实也会对自己有更多的了解。文学也就是人学，最主要的是描写人。心理学也就是研究人的行为和思维的科学。这些东西表面上看起来是有区别的，但核心的研究对象，或者说描述的对象，是一样的。对我来讲，就不会觉得有很大的冲突。现在，我特别想达到一种状态，就是从心所欲不逾矩。我按照我想的去做，但是我会在一个大的框架之内。四十不惑，五十知天命，六十耳顺，七十从心所欲不逾矩，我没到七十，还差一点，但我努力，提前达到这种状态。因为我觉得这世界上会有很多的不如意，需要很多的妥协。世界其实挺复杂的，我当了几年的心理医生，各式各样的人来跟我说他们所作所为的逻辑。有时候看到别人这么做，我们会说：他怎么能这么做呀，这太没道理了，这简直就是不可思议啊。但是做心理医生有一个好处就是，恰好就有一些人把一些不可思议的逻辑都告诉你了。我越发明白人的丰富，真的不像我们想象的那样，大家要找到一个基本的和谐之点。

李怀宇：中国古话说，读万卷书，行万里路。你在这次环球航海之旅有没有得到更深的理解？

毕淑敏：读万卷书，我觉得现在有互联网，有数字的阅读平台，反倒容易解决一点，但对古人来说，万卷是个巨大的数字，现在我们每个人的阅读量都已经很大了。但行万里路还真得自己去体验，而且你还不要走得太快，因为你在飞机上走一万里肯定是不灵的，要一点一点地体验不同的山河、不同的文化、不同的民俗人情。那对陶冶心灵、强健身体都是很重要的。

李怀宇：中国文化界曾经有过关于海洋文化和黄土文化的热烈讨论。你经历了这次海洋之旅，对海洋文化有没有一种新的认识？

毕淑敏：其实中国有很长的海岸线，我们有一个辽阔的领海，但是中国人主动地通过海洋去和外界发生联系应该是比较少的。我们一直过着一种自给自足的生活，因为幅员辽阔，以及地形多种多样，所以在某种情况下，觉得我们很好了，已然足够了，那种通过海洋向更远的地方去探索的动力不是特别强。像我们这次六个中国人出去，我才知道，这是中国公民首次去环游世界，我本来以为有无数人去过了，最后旅行社说没有人去过。因为现在是地球村，我们必然和这个世界发生越来越紧密的联系，所以去看看这个地球，也有更辽阔的视野。随着中国国力的增强，中国人能有更多自己支配的时间，这个趋势应该是加强的。

我们东方的文化和其他地方的文化是不一样的。现在世界上有不同的文化，应该共生。这么古老的文化一直传承到现在，几千年生生不息，可还是要看经济力量的强大，才有发言权，否则只是说文化的历史悠久，人家还是觉得在今天的世界上不被重视。在这种情况下，我们既要发展我们的经济，又要保护自己的文化。人跟人不一样，国跟国也不一样，文化跟文化也不一样，最后一定是要和谐共生的，找到一个平衡之点。他们不能用他们的文化来代替我们，我们也无法用我们的文化去代替他们，这是彼此尊重的事。

毕淑敏

1952 年 10 月生于新疆伊宁，当过兵、医师、专业作家。著有《红处方》《血玲珑》《拯救乳房》《女心理师》《蓝色天堂》《非洲三万里》《南极之南》等。

图书在版编目（CIP）数据

字里行间 / 李怀宇著. －上海：东方出版中心，
2022.11

ISBN 978-7-5473-2062-4

Ⅰ. ①字… Ⅱ. ①李… Ⅲ. ①文学家-访问记-中国
-现代 Ⅳ. ①K825.6

中国版本图书馆CIP数据核字（2022）第193309号

字里行间

著　　者	李怀宇
出版统筹	郑纳新
责任编辑	张馨予
装帧设计	合育文化

出版发行	东方出版中心有限公司
地　　址	上海市仙霞路345号
邮政编码	200336
电　　话	021-62417400
印 刷 者	上海盛通时代印刷有限公司

开　　本	890mm×1240mm　1/32
印　　张	9.375
字　　数	163千字
版　　次	2022年11月第1版
印　　次	2022年11月第1次印刷
定　　价	58.00元